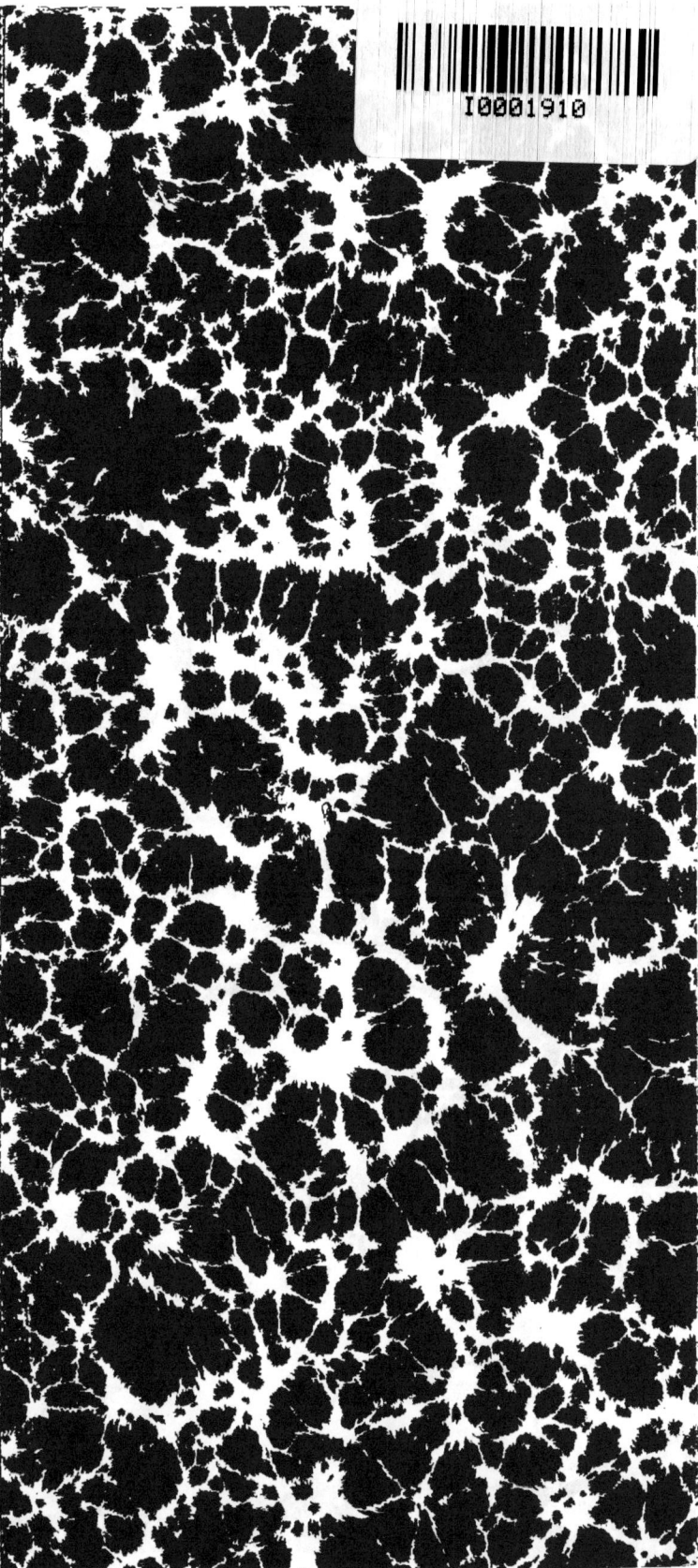

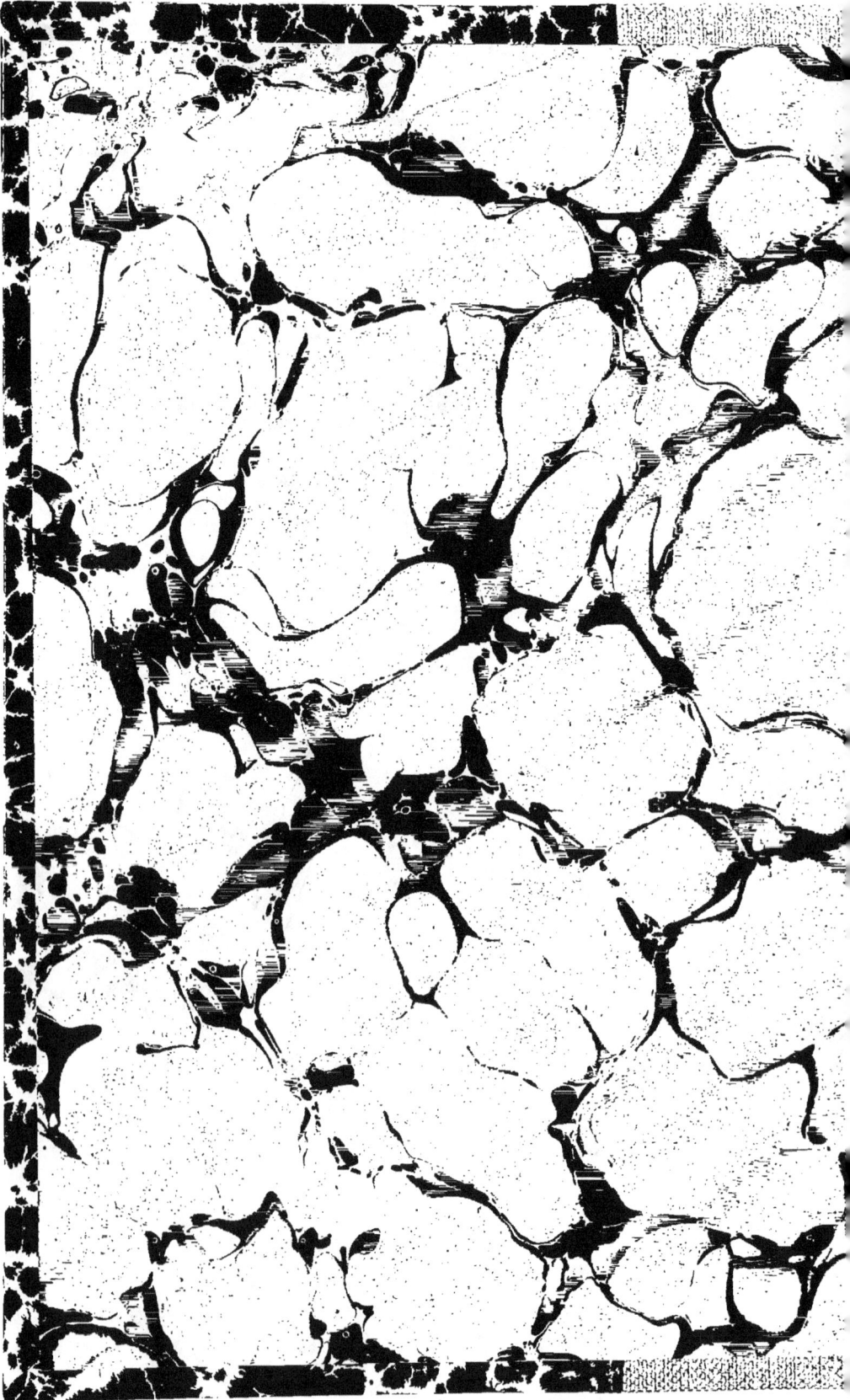

J. Boulanger
1955

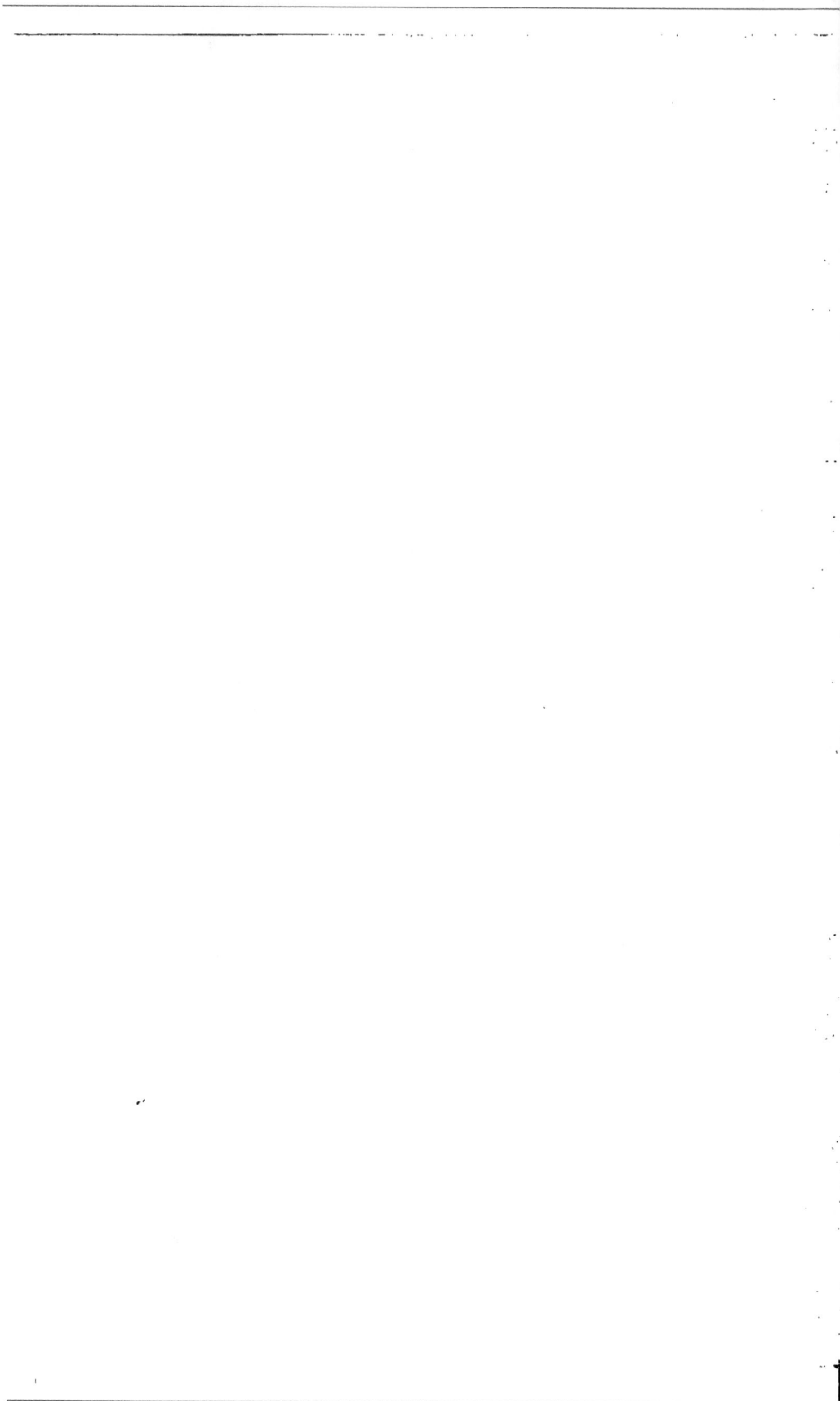

# ÉTUDES

SUR

## LA LÉGISLATION ET LA JURISPRUDENCE

CONCERNANT LES

# FOUILLES

ET

# EXTRACTIONS DE MATÉRIAUX

PAR

## L.-J.-D. FERAUD-GIRAUD,

DOCTEUR EN DROIT,

SUBSTITUT DU PROCUREUR DU ROI AU SIÉGE D'APT ( VAUCLUSE ).

## AIX,

### AUBIN, LIBRAIRE-ÉDITEUR,

SUR LE COURS, N° 1.

—

## 1845

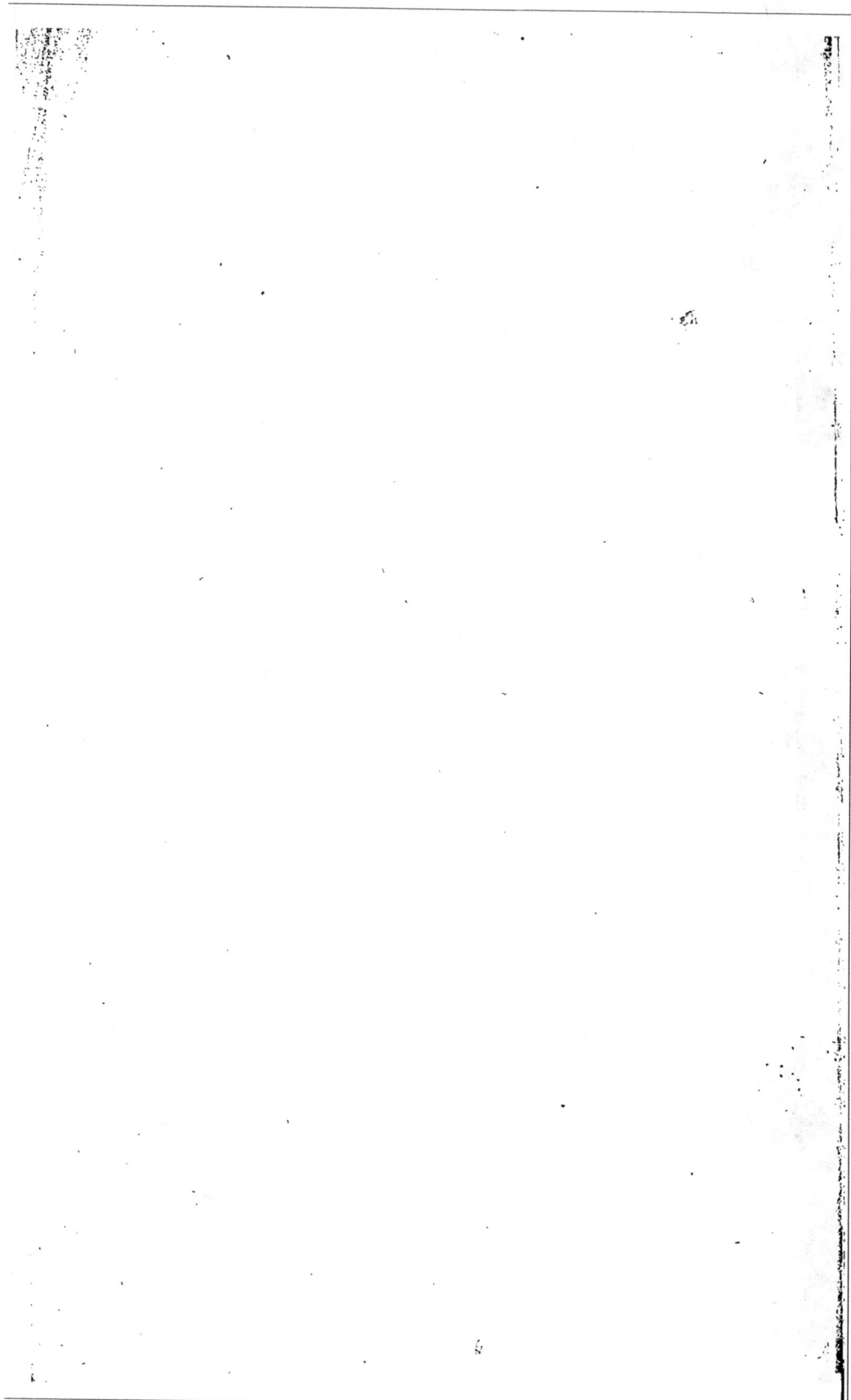

# ÉTUDES

## SUR LES

# FOUILLES

### ET

# EXTRACTIONS DE MATÉRIAUX.

Aix. — Typographie d'Aubin, sur le Cours, 1.

# ÉTUDES

## SUR

## LA LÉGISLATION ET LA JURISPRUDENCE

### CONCERNANT LES

# FOUILLES

## ET

# EXTRACTIONS DE MATÉRIAUX,

### OCCUPATIONS TEMPORAIRES
### ET DOMMAGES CAUSÉS A LA PROPRIÉTÉ PRIVÉE EN DEHORS
### DE L'EXPROPRIATION, A L'OCCASION DE
### L'EXÉCUTION DES TRAVAUX PUBLICS,

PAR

## L.-J.-D. FERAUD-GIRAUD,

DOCTEUR EN DROIT,

SUBSTITUT DU PROCUREUR DU ROI AU SIÉGE D'APT (VAUCLUSE).

AIX,

AUBIN, LIBRAIRE-ÉDITEUR,

SUR LE COURS, 1.

1845

# INTRODUCTION.

L'ÉTUDE du droit administratif a fait en France, notamment depuis 1830, d'immenses progrès; la cause en
est dans cette révolution qui, en agrandissant chez nous
la pratique des idées constitutionnelles, devait tendre
à le populariser.

La partie de ce droit qui s'applique plus particulièrement aux travaux publics, ne pouvait rester étrangère
à ce mouvement; des causes nombreuses devaient, au
contraire, en faire un objet particulier d'études; à une
sorte d'inertie ou au moins de tâtonnement et d'appré-
hension, ont succédé, dans la période décennale que
nous venons de parcourir, un mouvement, une vie et
une action que le gouvernement a dû d'abord favoriser et
que leur extension lui a bientôt fait presque un devoir de
contenir en les dirigeant; des crédits nombreux ont été
demandés et votés par les chambres, les conseils géné-

raux, les conseils municipaux et les moindres administrations charitables; de tous côtés se creusent ou s'améliorent des ports, s'ouvrent des canaux, s'établissent des chemins de fer, des routes, des chemins vicinaux, s'élèvent des édifices; l'exécution de ce nombre considérable de travaux publics devait nécessairement faire naître toutes les difficultés que pouvait présenter l'application du droit à ces matières.

Aussi, outre les traités généraux sur le droit administratif, la législation des travaux publics a fait la matière de plusieurs ouvrages spéciaux; c'est ainsi que le corps royal des ponts et chaussées l'a comprise dans la publication de ses *Annales*; M. Tarbé de Vauxclairs a publié son *Dictionnaire*; M. Cotelle, son *Traité de droit administratif* appliqué aux travaux publics; d'autres auteurs nous ont donné le résultat de leurs études sur diverses branches de cette partie de la législation; de là les ouvrages sur la voirie et les chemins, de MM. Daubenton, Davenne, Dumay, Flachat-Mony, Fleurigeon, Garnier, Husson, Isambert, Jourdan, O'Donnel et Vatout; sur les cours d'eau, de MM. Nadau de Buffon et Violet; sur l'expropriation pour cause d'utilité publique, de MM. de Caudaveine et Thery, Gillet et Stourn, Herson, Delalleau et Gand; sur les architectes, de M. Fremy Ligneville; sur les chemins de fer, de MM. Guillaume et Nogent St-Laurent; outre la législation sur les mines dont se sont occupés des hommes spéciaux.

C'est qu'on ne peut s'empêcher de reconnaître combien mérite d'être étudiée et connue une partie de notre droit qui règle les rapports de l'administration, d'un côté, avec les particuliers qui se chargent de l'exécution de travaux, souvent de la plus grande importance pour l'État, et d'un autre côté, avec la propriété privée. On sait combien cette dernière mérite de respect, combien elle doit être l'objet de la protection des lois, car il est reconnu par tous, comme une de ces vérités triviales tant elle est incontestable, que le respect de la propriété par tous est une des bases sur lesquelles se fondent l'ordre et la prospérité.

Appelé à m'occuper dans le temps du contentieux auquel ont donné lieu diverses entreprises importantes de travaux publics, j'ai dû me livrer à des études sur l'expropriation pour cause d'utilité publique et les dommages qu'entraîne l'exécution des travaux publics.

Je citais tantôt les ouvrages publiés sur l'expropriation, ils peuvent satisfaire à tous les besoins.

Quant à la législation relative aux dommages qui sont la suite de l'exécution des travaux publics, elle n'a été examinée qu'accessoirement dans les ouvrages généraux sur le droit administratif ou dans les traités sur l'expropriation; cependant c'est là une branche très importante de la législation des travaux publics, dont l'application fréquente et malaisée donne sans cesse lieu à des difficultés entre l'administration ou les entrepreneurs et des propriétaires naturellement jaloux de leurs droits ; c'est ce qui explique pourquoi je livre aujourd'hui à la presse, ces *Études* d'abord faites dans un intérêt et pour un usage tout à fait personnels.

Cet aveu expliquera le laisser-aller que l'on trouvera peut-être trop fréquemment dans un travail auquel je ne dois attribuer d'autre mérite que celui de pouvoir être de quelque utilité à ceux qui sont dans le cas de suivre le contentieux des travaux publics et aux propriétaires qui ont à souffrir des dommages par suite de l'exécution de ces travaux. Exécutées dans un but tout pratique, ces *Études* pourront leur épargner les recherches nombreuses qu'ils seraient obligés de faire, et en leur indiquant, dans un cadre assez restreint, les prescriptions du législateur, l'état de la jurisprudence et celui de la doctrine, leur montrer le résultat auquel ils doivent s'arrêter.

Je devrais peut-être m'arrêter là, et ne point me livrer au développement des idées qui vont suivre, j'entrerai dans les généralités et je n'ignore pas que le caractère un peu ambitieux qui s'attache toujours à des idées générales, convient peu dans une introduction à un travail aussi modeste que le mien ; mais on a tant critiqué notre législation sur ces matières, car on est

allé jusqu'à nier qu'il en existât une, que l'occasion se
présentant de m'expliquer sur des idées que je crois in-
justes et erronées, je ne puis prendre sur moi de me
taire.

Et d'abord, quelques esprits justes se sont demandé
s'il ne serait pas nécessaire de rendre de nouvelles lois
qui, se rapportant aux principes consacrés par les lois
anciennes, les coordonneraient en leur donnant une
nouvelle vie, une nouvelle force; ils se fondaient sur les
difficultés et les tâtonnements auxquels donne lieu l'application des lois, décrets et arrêts du conseil, fort anciens, qui semblent plusieurs fois se contrarier dans la
pratique et pour lesquels cette fiction de notre droit, que
nul n'ignore la loi, semble ne pouvoir s'appliquer; mais
peu se sont arrêtés à demander ce travail de révision ou
plutôt de classification; la plupart, au contraire, loin de
provoquer une loi qui vint consolider les principes qui
régissent ces matières, ont demandé leur abrogation et
leur changement, c'était trop oublier, « qu'il faut être
« sobre de nouveautés en matière de législation, parce
« que s'il est possible dans une institution nouvelle de
« calculer les avantages que la théorie nous offre, il ne
« l'est pas de connaître tous les inconvénients que la
« pratique seule peut découvrir; il faut laisser le bien
« si on est en doute du mieux; en corrigeant un abus,
« il faut encore voir les dangers de la correction même;

« il serait absurde de se livrer à des idées absolues de
« perfection dans des choses qui ne sont susceptibles
« que d'une bonté relative; au lieu de changer les lois
« il est presque toujours plus utile de présenter aux ci-
« toyens de nouveaux motifs de les aimer (1). »

Or, les lois qui régissent les matières qui nous occupent, sont de ces lois dont la confection donne naissance aux questions de l'ordre le plus élevé : le respect
de la propriété, l'exécution des travaux publics, la séparation des pouvoirs judiciaire et administratif, l'indépendance et le caractère de ces pouvoirs ; c'est assez
dire combien il faudrait de motifs puissants pour changer la législation qui nous régit.

Ces motifs existent-ils ?

Lors de la discussion de la loi de 1833 sur l'expropriation, M. Legrand, commissaire du gouvernement,
disait que les lois auxquelles on doit se rapporter pour
régler les dommages qui résultent pour la propriété
privée de l'exécution des travaux publics, suffisaient à
nos besoins et ne lésaient pas les intérêts privés.

Ces lois sont celles du 28 pluviôse an VIII et 16 septembre 1807, modifiées, pour ce qui a trait à l'expropriation, par les lois de 1810, 1833 et 1841. On leur a
adressé le reproche d'être trop vagues, parce que leurs

(1) Discours préliminaire au code civil.

dispositions étaient trop générales, et cependant ces lois, en posant des règles et des principes généraux mais fixes et inflexibles, devaient rendre leur connaissance et leur observation plus faciles, et, il faut le dire, si des controverses nombreuses sont nées malgré la généralité de leurs dispositions, c'est précisément parce qu'on a cessé de les appliquer, parce qu'on a voulu distinguer là où elles ne distinguaient pas, parce qu'on a voulu éluder leurs dispositions là où la prescription était formelle et où l'on ne devait qu'obéir.

C'est à la doctrine et à la jurisprudence qui ont élevé ces doutes, créé ces distinctions à revenir à l'application pure et simple de la loi.

Si on se rapporte aux principes sur lesquels elle repose, on verra qu'ils ne sont autres que ceux qui ont été établis dans les documents de notre droit public et civil qui nous sont les plus chers et dont l'application est tellement réclamée par les besoins de notre constitution, qu'elle a reçu une sanction pénale dans les articles 127 et suivants du code pénal.

D'un autre côté, l'intérêt privé n'est pas lésé, car le jugement des contestations, loin d'être laissé à l'arbitraire de l'administration, est confié à des tribunaux chargés de rendre une justice prompte, sans cesser d'être sage et éclairée; on a critiqué, il est vrai, l'organisation des tribunaux administratifs; ces critiques, moins vives et sans fondement lorsqu'il s'agit du conseil d'État, tribunal supérieur où sont portés les appels des conseils de préfecture, ont été plus fortes et quelquefois justes lorsqu'elles se sont adressées à ces derniers. Mais en admettant qu'il y eût ici vice, il faudrait l'attaquer là où il existe et non remonter au-delà de son existence, et, par cela seul que l'organisation et la procédure des conseils de préfecture devraient être changées ou modifiées, il ne s'ensuivrait point que les principes établis pour les matières qui nous occupent par les lois de pluviôse an VIII et 1807, dussent être modifiés.

On aurait désiré que les tribunaux civils fussent chargés du contentieux des travaux publics ; je le dis, dès l'abord, c'était méconnaître le principe de nos institutions.

On sait quels résultats déplorables eurent trop souvent sous l'ancienne monarchie, à la fois pour l'intérêt de l'administration et la considération de l'ordre judiciaire, les empiètements que l'incertitude de notre droit public avait permis aux corps judiciaires.

L'expérience du passé fut pour nous un salutaire enseignement et le premier soin de l'Assemblée Constituante fut d'arrêter les limites de séparation des pouvoirs; la réaction qui s'opéra alors porta avec elle le vice inhérent à toute réaction, elle fut trop violente, on désinvestit le juge civil pour revêtir d'une partie de son pouvoir le fonctionnaire administratif et, nouvelle erreur, on repartit la fonction administrative entre plusieurs personnes, on fit d'un être d'action un corps délibérant; ce fut là une double faute et une double erreur commises dans les lois des 22 décembre 1789, 10 janvier 1790 et 14 frimaire an II; le vice s'en fit bientôt sentir et on vint à des idées meilleures dès 1800; l'autorité judiciaire fut confirmée dans ses attributions, l'action fut conservée à l'administrateur, mais ce dernier cessa d'être juge, les tribunaux administratifs furent créés.

L'orateur du gouvernement, résumant l'esprit de cette réforme dans notre système administratif, disait au corps législatif:

« Remettre le contentieux de l'administration à un conseil de préfecture, a paru nécessaire pour ménager au préfet le temps que demande l'administration pour garantir aux personnes intéressées qu'elles ne seront pas jugées sur des rapports et des avis de bureau ; *pour donner à la propriété des juges accoutumés* au ministère de la justice, à ses règles, à ses formes; pour donner tout à la fois à l'intérêt particulier et à l'intérêt public la sûreté qu'on ne peut guère attendre d'un jugement porté par un seul homme, car cet administrateur, qui balance avec impartialité des intérêts collectifs, peut se trouver prévenu et passionné quand il s'agit de l'intérêt d'un particulier; il peut être sollicité par ses affections et ses haines personnelles à trahir l'intérêt public ou à blesser les droits des particuliers.

« Sous le régime qui a précédé la Révolution, une grande partie du contentieux de l'administration était portée devant les tribunaux qui s'étaient faits un esprit contraire à l'intérêt du trésor public.

« Leur partialité détermina l'Assemblée Constituante à réunir le contentieux de l'administration avec l'administration elle-même, et comme cette assemblée remit les fonctions administratives à des directoires nombreux, elle crut pouvoir faire de ces corporations des espèces de tribunaux. En effet, la justice pouvait trouver quelque sûreté dans ce système ; c'est avec l'administration qu'elle était incompatible, parce que les ordres du gouvernement et les lois elles-mêmes rencontraient la délibération là où elles ne devaient trouver qu'empressement à l'action et à l'obéissance.

« Le gouvernement croit avoir pris un juste milieu entre l'ancien système qui séparait la justice administrative et l'administration comme inconciliables, et le nouveau qui les cumulait dans les mêmes mains comme si elles eussent été une seule et même chose. »

Dès ce moment l'administration se composa en France de deux parties qui ne cessaient pas cependant d'être inhérentes ensemble ; l'une, active administrative proprement dite, l'autre contentieuse, mais liée intimément à l'administration, agissant de concert avec elle, lui prêtant un juste appui au lieu de se lever contre elle, ne cessant pas d'être administrative ; car, comme le disait le comte Portalis, l'administration ne cesse pas d'administrer, même lorsqu'elle statue sur des matières contentieuses.

Ce contentieux administratif naît toutes les fois que l'application du droit ne trouve plus deux intérêts particuliers en présence, qu'elle intéresse la généralité des citoyens et le gouvernement de la société. « Alors, disait « M. Persil aux chambres, lors du projet de loi de 1843 « sur le conseil d'État, ce n'est pas affaire de justice, af- « faire du ressort du pouvoir judiciaire, c'est affaire du « gouvernement, affaire du ressort de l'ordonnance; le « gouvernement auquel la société a remis la direction de « ses plus intimes intérêts en doit rester l'arbitre et le « souverain juge, parce que mieux qu'un autre juge il « est en position de concilier les droits des citoyens qui « se plaignent, avec les droits, les besoins, les exigences « de la communauté qui se défend. Contre nos contra- « dicteurs nous disons que là où des particuliers ont des « droits à répéter, il doit y avoir un juge ; mais nous « ajoutons que lorsque ces droits doivent s'exercer au « préjudice de la société, c'est à son gouvernement qu'il « appartient d'en décider. »

L'application de ces principes est naturelle lorsqu'il

s'agit du contentieux des travaux publics. Ceux-ci mé-
ritent toute la sollicitude du gouvernement; ils doivent
assurer la liberté et la promptitude des communications,
la navigation des fleuves, la circulation des canaux, la
sûreté des endiguements; ils se développent partout sur
le sol de la France, leur exécution intéresse notre propre défense et nos besoins matériels, notre industrie,
notre commerce, notre agriculture et nos finances;
bien qu'elle semble principalement faite pour assurer notre bien-être matériel, elle a même, indirectement, une influence sur des résultats d'un ordre plus
élevé. Dès lors le contentieux auquel cette exécution
donne lieu, doit rentrer dans l'application des principes
que nous développions tantôt, et les tribunaux administratifs doivent être seuls compétents.

Nos tribunaux, eux-mêmes, voudraient-ils accepter
une extension de juridiction si contraire à nos principes
de droit public? Ce qui, de nos jours, attache à l'ordre
judiciaire ce respect général que des commotions nombreuses ont plus ou moins ébranlé ou temporairement
affaibli pour la plupart de nos autres institutions, c'est
cette indépendance que lui assure notre constitution;
cette indépendance, cette liberté de vue et de décision
sur lesquelles se base sa justice, nos tribunaux ne la
garderont aux yeux de la France que tout autant qu'ils
ne se mêleront point à l'action de l'administration;

dans les constitutions libérales modernes, l'action use
promptement, aussi la justice, pour se trouver toujours
forte, doit tenir à se trouver en dehors des agitations
administratives, à ne point être appelée à agir en
quelque sorte en coopérant à la marche active de l'administration; étranger à l'ordonnance, l'ordre judiciaire
ne pourra pas, comme les anciens parlements, rendre
des arrêts de règlements, refuser sa sanction à la loi,
faire des arrêtés de police; mais, comme le dit M. Foucart : « du moins aucun ordre souverain ne lui dictera
« ses décisions, aucune lettre de cachet n'exilera ou
« n'emprisonnera ses membres, aucune ordonnance
« contresignée par un ministre ne la dissoudra.... En-
« tre les anciens parlements exposés à tant d'humilia-
« tions et l'ordre judiciaire actuel, dont les organes et
« les décisions sont partout respectés, ils nous semble
« que les avantages réels sont du côté de l'ordre judi-
« ciaire tel qu'il est établi par la Charte. » Eh bien! ce
respect, cette considération qu'une sage indépendance
contribue si puissamment à assurer à l'ordre judiciaire
et que cet ordre se montre si justement jaloux de conserver, seraient compromis du moment où ils auraient
à s'immiscer dans les matières administratives et où
une influence autre que celle de la justice et du droit
pourrait paraître s'exercer sur eux.

En dehors de ces considérations, on peut encore

trouver dans la simple pratique des affaires, plusieurs causes de rapporter aux tribunaux administratifs le contentieux des travaux publics.

Rien, en effet, n'est plus urgent que de rétablir la circulation interrompue par des accidents imprévus, que de raccorder des digues rompues par des inondations, etc., et si le contentieux de ces matières était livré aux tribunaux civils, que sur chaque difficulté nouvelle on dût attendre leur décision, quel mal l'État ne souffrirait-il pas ! On sait, en effet, quelle est la marche des tribunaux civils : on a beaucoup exagéré sa lenteur, c'est là un tort et une erreur; mais toutefois, pour être sûre, la justice a besoin d'une instruction qui n'aie rien de précipité et qui la mette à même de juger en parfaite connaissance de cause et de manière à ne froisser les droits d'aucun intéressé. De là des délais nécessaires et indispensables pour les matières civiles, ordinairement impossibles et ruineux en matière de travaux publics. Et d'ailleurs, quel serait le rôle des tribunaux appelés à apprécier les dommages auxquels donnerait lieu l'exécution des travaux publics? On ferait de l'autorité judiciaire un expert qui viendrait à la remorque de l'administrateur, constater, fixer et évaluer le dommage causé.

Ce n'est pas que je veuille dire que la justice ne doive jamais intervenir. L'administration n'est pas au-dessus

de la loi, et les tribunaux sont là pour veiller à l'exécution de cette même loi ; aussi, si les agents de l'administration dépassent les bornes de leur pouvoir et que
les faits qu'ils commettent en dehors de leurs attributions soient déférés aux tribunaux, alors l'action de
ceux-ci commence, alors ils ne viennent plus s'immiscer
dans les actes de l'administration, entraver ses opérations, mais bien réprimer un acte qui, fait en dehors
des pouvoirs de celui qui l'a commis, ne peut entraîner
pour son auteur des garanties particulières.

Mais là doit s'arrêter l'action des tribunaux, pouvoir
important dans ses résultats, garantie suffisante pour
tous, que les lois recevront leur exécution, que la propriété privée n'aura pas à souffrir de leur violation. Si
vous poussiez plus loin le pouvoir de l'autorité judiciaire, vous auriez au-dessus de l'administration une autorité indépendante et absolue. Dès lors, la puissance
exécutive ne trouverait plus en elle la force de vaincre
les obstacles qu'on opposerait à sa marche. L'administration ne serait plus un pouvoir. La responsabilité serait un vain mot ou une injustice.

D'un autre côté, supprimez les tribunaux administratifs, et voici renaître ce vice où l'on tomba un moment
avant 1800. Vous avez des juges qui statuent presque
dans leur propre cause.

Pourquoi, dès lors, vouloir changer des dispositions

si en harmonie avec les principes de notre constitution et avec nos besoins? Tous les efforts ne doivent-ils pas tendre au contraire à ramener sous l'empire des lois de pluviôse an VIII et 1807, le contentieux auquel donne lieu, en dehors de l'expropriation, l'exécution des travaux publics?

Le plus souvent ce sont des questions de compétence qui naissent, et ces questions sont les plus difficiles du droit administratif; car, ordinairement ailleurs, il ne renferme que des prescriptions dont le sens est facile à connaître et à comprendre.

Le conseil d'État, devant lequel ces difficultés se présentent journellement, a eu souvent à les résoudre, et ses décisions ont rendu un grand service au droit administratif; elles en sont, comme le disait un professeur de la Faculté de Dijon, M. Serrigny, *la source la plus abondante et la plus sûre.*

La nature même de ses décisions, leur caractère, leur forme qui est celle de l'ordonnance, et qui convient au mode de solution, bref, précis et impératif, nous prive souvent de rencontrer dans elles tous les motifs qu'un esprit de recherche et d'analyse voudrait y trouver, et qui font que les décisions de l'ordre judiciaire se présentent avec toute la force de la loi et le pouvoir de la raison. Mais ce caractère impératif des ordonnances du conseil d'État, fonde en quelque sorte plus qu'une jurisprudence, et fixe les incertitudes et les doutes.

Toutefois, si l'on ne doit point innover, si l'on ne doit point toucher aux principes posés par les lois de l'an VIII et de 1807, relativement au contentieux des travaux publics, il faut reconnaître que ces lois sont quelquefois insuffisantes pour régler certaines difficultés de détail et de pratique qui se présentent journellement, et pour lesquelles il faut se rapporter à d'anciens édits et règlements.

Une révision serait, sur ce point, nécessaire. Mais qu'on ne s'y trompe point, ce travail viendrait moins changer que coordonner, moins renverser que vivifier. Ce travail est du ressort du législateur; toutefois, il est un de ceux auquel la doctrine et la jurisprudence peuvent suppléer.

Je ne crois pas pouvoir mieux faire, en finissant, pour présenter un nouveau motif d'aimer les lois qui nous régissent, que de reporter un moment nos souvenirs vers le passé, et de rappeler, pour montrer les progrès immenses que notre législation a faits sur ce point, que Louis XIV ordonnait, à l'occasion du canal du Midi, qu'un entrepreneur, qui heureusement était Riquet, *pût prendre toutes les terres et héritages nécessaires à son entreprise*; et d'un autre côté d'indiquer quel est l'état du contentieux administratif dans un pays où ce

droit forme la partie la plus importante de l'enseignement, l'objet de la sollicitude des hommes d'État et de
nombreux professeurs et publicistes.

Il y a peu de mois encore, M. Mohl, dans la revue
qu'il publie avec M. Mittermaïer, après avoir prodigué
des éloges peut-être trop pompeux aux règles de la
compétence administrative en France, démontrait combien nos institutions sont, sous ce rapport, de beaucoup
en avant de celles de l'Allemagne; certainement l'esprit
politique de la nation doit être une cause de cette différence, mais c'est déjà beaucoup, ce nous semble, de dire
à ces esprits trop avides d'innovations que notre jurisprudence et les règles de notre contentieux administratif sont de beaucoup supérieures à celles des autres
pays, et de citer à l'appui de cette assertion un homme
qui, depuis plus de vingt ans, s'occupe exclusivement
de l'étude et de l'enseignement du droit public. Ce doit
être là, selon nous, un motif d'être moins sévères pour
les imperfections que peut présenter cette partie de
notre droit et pour nous ranger de l'avis de ceux qui reconnaissent les bienfaits que la jurisprudence administrative a rendus à la France, en sachant concilier les intérêts de l'administration avec ceux des particuliers, en
réglant la pratique du droit administratif en France, en
assurant le pouvoir de la règle sur celui de l'arbitraire,

en garantissant, par un contrôle qui n'a rien d'exagéré ni d'hostile, les droits des citoyens contre l'État lui-même.

# TABLE

## ALPHABÉTIQUE.

————◦❦❦❦◦————

N. B.—Les chiffres renvoient aux numéros et non aux pages.

————◦❦◦————

## A.

ABAISSEMENT DE LA VOIE PUBLIQUE.—Voy. VOIE PUBLIQUE.

ACQUÉREUR. — L'acquéreur d'une propriété dont le vendeur a réglé avec l'administration les bases de l'indemnité à payer pour fouilles et extractions de matériaux, est tenu d'exécuter ce traité; 29. — Il doit quittancer le prix réglé; 29. — A moins qu'il ne s'agisse d'indemnités pour pertes de récoltes, occasionnées par des fouilles terminées avant l'acquisition; 29.

ACQUISITION DES TERRAINS FOUILLÉS. — Fausse interprétation que les auteurs ont faite d'une disposition de la loi de 1807; 26.

ACTE ADMINISTRATIF.— Son interprétation appartient aux tribunaux administratifs; 6, 8.—Voy. TRIBUNAUX ADMINISTRATIFS.

ACTE CIVIL. — Son interpétation appartient aux tribunaux civils; 39. — C'est à ces mêmes tribunaux à connaître de son exécution; 39. — Voyez TRIBUNAUX CIVILS.

AMENDES. — On ne peut poursuivre le paiement de l'amende prononcée contre un agent, envers l'administration citée comme civilement responsable; 16.

ARRÊTÉ DU PRÉFET.— Pour désigner les lieux où doivent être faites des fouilles; 2, 3. — Recours contre cet arrêté; 2. — Il doit

## B.

## C.

## D.

propriétaires pour que les fouilles ne soient faites que dans les lieux désignés; 5. — S'il s'élève des doutes sur le point de savoir si les fouilles ont été faites dans les lieux désignés, c'est aux tribunaux administratifs à les éclaircir; 6. — Lieux où les fouilles ne peuvent être faites que sous des restrictions; terrains clos; 13. — Carrières; 14. — Voisinage des chemins et habitations; 15. — Bois et forêts; 16, 17. — Abords et lit des cours d'eau; 18. — Rivages de la mer; 19. — Voisinage des places de guerre; 20. — Désignation des terrains à occuper temporairement; 43. — On doit avertir préalablement les propriétaires de ces terrains; 43, 44.

**DEVIS.** — Contiennent ordinairement la désignation des lieux où les fouilles doivent être faites; 3.

**DOMMAGES.** — Les dommages causés à une propriété voisine de celle où les fouilles sont faites, doivent être réglés par les tribunaux administratifs; 38. — A moins que ces dommages ne soient de véritables fouilles indûment pratiquées; 38. — Les dommages causés par les travaux d'étude donnent lieu à des indemnités; 49. — De ceux causés par l'exécution des travaux publics, aux propriétés dont l'acquisition n'est pas nécessaire pour l'établissement de ces travaux; 51 et suiv. — Caractère général du dommage; 51. — Dommages dont il est dû la réparation; 52. — Autres pour lesquels il n'en est pas dû; 53. — Du préjudice moral; 54. — Règle générale à suivre pour fixer les cas où il est dû des dommages-intérêts; 55. — Dommages causés par les travaux exécutés sur la voie publique; 56, 57, 58, 59. — A l'occasion des travaux entrepris aux abords des cours d'eau et dans ces cours d'eau; 60, 61, 62, 63, 64. l'État n'est pas tenu de réparer ceux qui sont la suite indirecte des travaux; 61. — Causés par des ateliers insalubres et incommodes établis pendant la durée des travaux; 65. — Les dommages causés par l'exécution de travaux publics hors des propriétés cédées ou expropriées, sont de la compétence des tribunaux administratifs, sans distinction entre les dommages temporaires et les dommages permanents; 66, 67, 68, 69, 70, 71. — Sans distinction entre ceux provenant du fait des entrepreneurs et ceux provenant du chef de l'administration; 72, 73. — Il en est de même des travaux publics communaux; 74, 75, 76, 77, 78, 79. — Voy. TRIBUNAUX ADMINISTRATIFS, TRIBUNAUX CIVILS, TRIBUNAUX CORRECTIONNELS.

formalités ; 5, 6, 7, 8, 9.—Les matériaux extraits ne peuvent être employés qu'aux travaux pour lesquels les fouilles ont été autorisées ; 10. — Lieux où l'on peut être autorisé à fouiller ; 12 à 20. —Opposition aux fouilles ; 21, 22, 23. — Indemnités pour fouilles; bases ; paiement ; 24, 25, 26, 27, 28, 29, 30, 31. — Intérêts de l'indemnité ; 32. — Prescription ; 33, 34, 35. — Tribunaux compétents pour régler l'indemnité ; 36 à 40.

## H.

HABITATIONS.  · Prohibition de fouiller aux environs des habitations ; 15.

## I.

INDEMNITÉ. —Ne doit point être préalable en matière de fouilles; 24. — Bases à suivre pour son règlement ; on ne doit pas comprendre la valeur des matériaux extraits, mais seulement les dommages causés par ces extractions; 26. — A moins qu'il ne s'agisse d'extractions dans des carrières en cours d'exploitation ; 27.— Dans ce cas, sous aucun prétexte, on ne peut s'exonérer du paiement des matériaux; 27. — Leur valeur doit être fixée en prix courant, abstraction faite de la valeur que les travaux auxquels ils sont destinés pourraient avoir donné; 27.—La réception sans réserve d'une indemnité pour fouilles faites dans des années déterminées, rend non recevable plus tard à demander une indemnité pour les années antérieures; 28.—Les bases de l'indemnité étant fixées, si le propriétaire vend sa propriété, l'acquéreur est obligé de s'y conformer; 29.—L'acquéreur doit recevoir le prix, à moins qu'il ne s'agisse d'indemnités pour perte de récoltes occasionnées par des fouilles terminées avant l'acquisition; 29. — C'est l'entrepreneur qui doit payer ces indemnités; 30. — Il ne doit être soldé qu'après avoir justifié de ce paiement ; 30. — On peut saisir-arrêter les à-comptes dus aux entrepreneurs pour les indemnités qu'ils sont chargés de payer aux propriétaires chez lesquels ils ont enlevé des matériaux ; 31. — Changement du montant de l'indemnité par le conseil d'État; 37.— L'indemnité due pour occupation temporaire ne doit pas être préalable ; 46. — Voyez INTÉRÊTS, PRESCRIPTION, TRIBUNAUX ADMINISTRATIFS , TRIBUNAUX CIVILS , TRIBUNAUX CORRECTIONNELS.

INGÉNIEURS. — N'ont pas qualité suffisante pour désigner les lieux où peuvent être faites les fouilles ; 2.

INTÉRÊTS. — Distinction à faire à raison de la nature des indemnités, pour savoir quelles sont celles pour lesquelles les intérêts sont dus ; 38, 47.]

## L.

LOI 16-24 AOÛT 1790. — Art. 13, texte ; 37.

LOI 6-7 SEPTEMBRE 1790. — Art. 4, texte ; 37.

LOI 28 PLUVIÔSE AN VIII. — Art. 4, texte ; 37, 72. — Interprétation ; 73.

LOI DE 1807. — Fausse interprétation faite par les auteurs d'une disposition de cette loi relativement au paiement des dommages pour des terrains fouillés ; 26. — Art. 56, 57, texte ; 37. — Motifs de cette loi ; 70.

LOI DE 1810. — Son objet ; 37. — Motifs de cette loi ; 70.

LOI 30 MARS 1841.—Occupation temporaire, en cas d'urgence, des propriétés privées, nécessaires aux travaux des fortifications; 50.

LOI 21 MAI 1836. — Art. 11, texte ; 37.

LOI 7 JUILLET 1833. — Non applicable aux dommages; 1, 42, 70, 71.

LOI 3 MAI 1841.—Non applicable aux dommages; 1, 42, 70, 71.

## M.

MATÉRIAUX.— Ne peuvent être employés qu'aux travaux pour lesquels leur extraction a été autorisée ; 10.

## N.

NIVELLEMENT. — Voyez VOIE PUBLIQUE.

## O.

OCCUPATION TEMPORAIRE.—L'occupation temporaire des terrains n'exige pas une expropriation pour cause d'utilité publique; 42. —Désignation des lieux qui doivent être temporairement occupés; 43. — Avertissement à donner au propriétaire; 43.—*Quid* si cette désignation et cet avertissement n'ont pas eu lieu; 44. — Dépôt aux environs des villes de guerre; 45. — L'indemnité pour occupation temporaire ne doit pas être préalable; 46. — Intérêts de cette indemnité; 47. — Les conseils de préfecture sont seuls compétents pour régler l'indemnité due à l'occasion d'une occupation temporaire; 48. — Loi sur l'occupation temporaire, en cas d'urgence, des propriétés privées nécessaires aux travaux des fortifications; 50.

OPPOSITION. — L'opposition à ce qu'un agent ou entrepreneur entre dans un champ avant qu'un avertissement ait été donné au propriétaire, est admise par la cour de Toulouse; 7. — Comment cette opposition peut avoir lieu; 8, 21. — Les propriétaires doivent s'en abstenir; 21. — S'opposer par des voies de fait à des fouilles, c'est s'opposer à l'exécution des travaux; 22. — C'est le préfet qui doit la vaincre; 23. — Si elle a lieu par les voies légales, son appréciation est du domaine des tribunaux; 23. — Si cette opposition a lieu à l'encontre d'un entrepreneur, celui-ci doit se retirer devant l'administration pour la faire constater et la faire vaincre; 23. — Les oppositions indues peuvent donner lieu à des dommages-intérêt au profit de l'entrepreneur contre celui qui en est l'auteur; 23. — Peines contre ceux qui s'opposeraient à des études préparatoires dûment autorisées et faites sur les propriétés privées; 49.

ORDONNANCE RÈGLEMENTAIRE POUR L'EXÉCUTION DU CODE FORESTIER. — Dispositions concernant les fouilles et extractions de matériaux nécessaires à des travaux publics ; 16.

## P.

## R.

correctionnels une administration responsable du délit, il faut que l'auteur de ce délit soit en cause; 16. — Si pour ester en justice l'administration a besoin d'autorisation, il faut, pour l'appeler comme civilement responsable, se pourvoir de cette autorisation ; 16. — La responsabilité ne s'étend pas aux amendes; 16.

**RIVAGES DE LA MER.** — Formalités à remplir pour y faire des fouilles ; 19. — Les propriétaires riverains ne peuvent les empêcher lorsqu'elles sont autorisées ; 19.

**RIVIÈRES.** — Voyez COURS D'EAU.

## S.

**SAISIES-ARRÊTS.** — Le propriétaire du terrain fouillé peut saisir-arrêter les à-comptes dus à l'entrepreneur ; 31.

**SIGNIFICATION.** — Signification de l'arrêté du préfet autorisant les fouilles ; son utilité; 4.

## T.

**TRAVAUX COMMUNAUX.** — Extension que ces travaux ont pris; 75. — Incertitude des auteurs sur le point de savoir si le règlement des dommages causés en exécutant ces travaux, est de la compétence des tribunaux civils ou administratifs; 76. — Peu de fixité de la jurisprudence ; 77. — Examen des divers systèmes à ce sujet; 78. — Distinction à établir entre les travaux des communes; 79, 80.

**TRAVAUX DE FORTIFICATIONS.** — Voyez OCCUPATION TEMPORAIRE.

**TRAVAUX DES DÉPARTEMENTS.** — Sont compris dans la classe des travaux publics ; 71.

**TRAVAUX D'ÉTUDES.** — Voyez ÉTUDES, PLAN.

**TRAVAUX POUR LA NAVIGATION.** — Voyez COURS D'EAU.

**TRAVAUX PUBLICS.** — L'autorité administrative qui a ordonné les travaux publics, peut seule en arrêter l'exécution ou en ordonner la démolition; 81. — Voyez DOMMAGES, FOUILLES, INDEMNITÉ, TRAVAUX COMMUNAUX, etc.

civils autorisant les fouilles, et pour assurer leur exécution ; 39. — Sont seuls juges des questions de propriété ; 40. — Pour connaître des dommages faits à l'occasion de terrains occupés sans accomplissement des formalités ; 44. — Leur jurisprudence relativement à la fixation de la compétence pour les dommages faits sur les propriétés voisines de celles expropriées pour l'établissement des travaux ; 66. — Travaux des communes à raison desquels les difficultés doivent être portées devant eux ; 80. — Ne peuvent ordonner la suspension et la démolition de travaux entrepris sur la propriété privée par des entrepreneurs ou agents rapportant un ordre de l'administration compétente ; 81. — Mais doivent régler l'indemnité due dans ce cas ; 82. — Voyez TRIBUNAUX ADMINISTRATIFS, TRIBUNAUX CORRECTIONNELS.

TRIBUNAUX CORRECTIONNELS. — Ils sont compétents pour réprimer les atteintes portées à la propriété par ceux qui font des fouilles hors de lieux désignés par l'administration ; 5, 36. — Non compétents bien que des fouilles faites dans des fonds soumis au régime forestier, l'aient été sans remplir les formalités prescrites par l'ordonnance règlementaire du 1er août 1827; 16. — On ne peut citer devant les tribunaux correctionnels les personnes civilement responsables que si l'auteur du fait est en cause ; 16. — Voyez TRIBUNAUX ADMINISTRATIFS, TRIBUNAUX CIVILS.

## U.

USINE. — Voyez COURS D'EAU.

## V.

VOIE PUBLIQUE. — Travaux faits sur la voie publique, leur nombre et leur importance ; 56. — On doit réparer les torts et dommages que cause leur exécution ; 56. — Sur quoi doit porter la réparation dans ce cas ; 57. — La gêne apportée momentanément par ces travaux à la circulation, ne donne pas lieu à des dommages-intérêts , 58.

FIN DE LA TABLE ALPHABÉTIQUE

—

# PREMIÈRE PARTIE

# FOUILLES

ET

## EXTRACTIONS DE MATÉRIAUX.

# FOUILLES

ET

# EXTRACTIONS DE MATÉRIAUX.

---

## I.

EST-IL NÉCESSAIRE DE RECOURIR A L'EXPROPRIATION POUR
CAUSE D'UTILITÉ PUBLIQUE, POUR POUVOIR PRATIQUER DES
FOUILLES DANS UNE PROPRIÉTÉ PRIVÉE ET EN EXTRAIRE
DES MATÉRIAUX DESTINÉS A DES TRAVAUX PUBLICS?

### 1 Solution négative.

**1.** POUR qu'il y ait lieu à expropriation pour
cause d'utilité publique, il faut qu'il y ait dépossession de la propriété. Les fouilles ou extractions
de matériaux, n'entraînant pas cette dépossession,
et ne pesant que temporairement sur la propriété
privée, ne peuvent, par suite, donner lieu aux
formalités d'expropriation.

Aussi les anciennes dispositions des lois et règlements qui autorisent les fouilles, n'ont jamais
subordonné ces travaux à une expropriation préalable; au contraire, d'après les arrêts du conseil
des 3 octobre 1667, 3 décembre 1672, 22 juin
1706, 7 septembre 1755 et autres postérieurs,

la désignation des lieux, dans les devis, a été considérée comme suffisante, et les conditions d'exécution imposées par ces arrêts sont toutes étrangères à l'expropriation. Le Code rural des 28 septembre, 6 octobre 1791 a maintenu cet état de choses, que la loi de pluviôse an VIII, art. 4 n'a point changé. La loi du 16 septembre 1807 elle-même, ne s'écartait pas de ces principes. Des doutes naquirent après la promulgation de la loi du 8 mars 1810; cependant la distinction entre les terrains pris pour l'établissement des travaux publics et les terrains seulement fouillés, était maintenue par cette loi, s'il fallait recourir aux formalités de l'expropriation pour priver les citoyens de leur propriété, il n'en était pas de même lorsqu'il ne s'agissait que d'un trouble apporté momentanément à la possession par des fouilles et extractions de matériaux.

Quoiqu'il en soit, des doutes existaient dans certains esprits, et il faut reconnaître qu'après la loi du 28 juillet 1824, sur les chemins vicinaux, ceux qui élevaient ces doutes furent admirablement aidés par la rédaction obscure de l'art. 10, § 2 de cette loi; mais aujourd'hui la solution de la question n'est plus incertaine, en l'état de la jurisprudence et de la doctrine, nous devons tenir pour certain, qu'il n'est pas nécessaire de

recourir aux formalités de la loi sur l'expropriation, pour pouvoir pratiquer les fouilles et
les extractions de matériaux nécessaires à la confection des travaux publics.

« Les travaux publics, dit M. Macarel , n'exi-
« gent pas alors une cession de propriété; dans
« leur intérêt seulement, l'entrepreneur exige des
« matériaux qu'il prend nécessairement sur les
« fonds voisins. C'est une espèce de servitude
« imposée dans l'intérêt public, comme dans le
« droit romain, sous le nom *de arenâ fodiendâ.*
« La propriété privée sert ici la propriété pu-
« blique; or, il ne peut résulter de là qu'une
« action en dommage, *in damnum.* Cette action
« n'a donc pas pour but une expropriation pour
« cause d'utilité publique. »

M. Garnier, dans son *Traité des Chemins pu-*
*blics,* professe la même opinion, sur le motif que
la propriété ne change pas de main, l'état ne de-
venant pas propriétaire.

C'est également l'avis de Proudhon, dont le
raisonnement si juste doit avoir le plus grand
poids; c'est celui de MM. de Lalleau, de Caudaveine et Thery, Gand, dans leur *Traité sur l'ex-*
*propriation pour cause d'utilité publique,* de M. de
Cormenin, dans son *Droit Administratif.*

Appelés à juger la question, les tribunaux l'ont

résolue dans le même sens. Les Recueils contiennent bon nombre de ces décisions, parmi lesquelles on peut citer : l'ordonnance du 9 avril 1817, celles des 7 décembre 1825 (Permon), 20 juin 1839 (Gréban), 21 juillet 1839 (de Chossat), 4 septembre 1840, etc. Dans cette dernière affaire, les fouilles pratiquées dans une île, jusqu'au niveau des plus basses eaux, devaient avoir pour résultat d'en détruire toute la valeur dans les parties exploitées, et de les incorporer au lit de la rivière.

C'est qu'en effet, l'expropriation pour cause d'utilité publique, accompagnée de formes solennelles et dont l'application exige un temps assez long, ne peut s'appliquer qu'aux terrains dont le propriétaire est dépossédé, exproprié, et non à ceux dont on ne fait que temporairement usage, sur lesquels il conserve son droit de propriété dont l'exercice éprouve seulement une gêne momentanée.

Admettons donc, dès lors, comme un point constant, que pour fouiller et extraire des matériaux destinés aux travaux publics, il n'est pas nécessaire de recourir à l'expropriation, et voyons quelles sont les formalités à remplir pour que ces fouilles et extractions puissent être légalement faites.

## II.

FORMALITÉS A REMPLIR PAR L'ADMINISTRATION OU L'ENTRE-
PRENEUR, AVANT DE POUVOIR PRATIQUER DES FOUILLES
ET FAIRE DES EXTRACTIONS DE MATÉRIAUX.

**2.** De ce que le droit de propriété est inviolable et qu'on ne peut porter atteinte à cette inviolabilité que lorsque l'intérêt public l'exige, il suit qu'un entrepreneur de travaux publics ou un agent de l'administration , ne peut s'introduire dans une propriété pour y pratiquer des fouilles et pour y faire des extractions de matériaux, que lorsque l'administration, ayant jugé que ces matériaux étaient indispensables à l'exécution des travaux publics, a donné à cet effet, une autorisation formelle à ses agents ou à l'entrepreneur.

Le pouvoir de désigner ces localités devait être laissé à l'autorité administrative, parce qu'il s'agit ici d'une mesure purement administrative, souvent réclamée par l'urgence, et que les tribunaux civils ne pouvaient s'immiscer dans de pareils actes , sans entraver inutilement la marche de l'administration et arrêter des services publics aussi importants que ceux relatifs à l'entretien des routes, des digues, des chaussées, etc.

Ce devait être même au pouvoir administratif actif, à l'administration proprement dite, que ce soin devait être laissé, et non point à ces tribunaux d'exception qui, appelés à statuer sur le contentieux administratif, n'ont point reçu mission d'administrer, de prescrire des mesures d'action , ni de pourvoir aux besoins des différents services.

Le préfet est l'administrateur chargé de ce soin, comme cela a été reconnu, notamment par l'art.

17 de la loi du 21 mai 1836 sur les chemins vicinaux et dans le règlement général du 25 août 1833, art. 9, sur les clauses et conditions imposées aux entrepreneurs de travaux publics.

Le recours au ministre est ouvert contre l'arrêté du préfet désignant les lieux (1); lorsque les fouilles devront être importantes, le préfet devra lui-même soumettre son arrêté à l'approbation de l'administration supérieure (2); dans aucun cas, l'arrêté du préfet ne pourra être légalement remplacé par un ordre d'un ingénieur, ce dernier n'est qu'un agent d'exécution, n'ayant aucun pouvoir de décision en ce qui touche les tiers (3).

**3.** L'indication des lieux où doivent être faites les extractions de matériaux, pouvant influer beaucoup sur la fixation des prix dans les devis et adjudications, cette désignation est ordinairement faite dans les cahiers des charges et devis servant à l'adjudication des travaux; ces pièces étant approuvées par le préfet, son approbation a la même force que l'arrêté qu'il devrait prendre, si les lieux n'avaient point été désignés dans les actes.

La désignation étant faite dans les devis et cahier des charges, s'il était indispensable pen-

---

(1) Ord. 27 juin 1854, de Latour-Maubourg.
(2) Décision du directeur général, du 14 juillet 1828.
(3) Husson, *Traité de la législ. des travaux publics*, t. 1. p. 401.

dant la durée de l'entreprise d'abandonner les
lieux désignés, soit à cause de la mauvaise qualité des matériaux, soit pour tout autre motif, ces
changements ne pourraient avoir lieu qu'après
l'approbation du préfet (1).

Ainsi, la première obligation pour l'agent de
l'administration ou l'entrepreneur, avant de s'introduire dans la propriété privée pour y pratiquer des fouilles et en extraire des matériaux,
est d'avoir un ordre ou soit une autorisation du
préfet, résultant soit d'un arrêté, soit d'une approbation donnée aux devis, cahier des charges
ou procès-verbaux d'adjudication.

**4.** La seconde obligation est de donner préalablement avis au propriétaire.

Cet avis préalable était exigé par le code rural,
disposant : « Les agents de l'administration ne
pourront fouiller dans un champ pour y chercher des pierres, de la terre ou du sable nécessaires à l'entretien des grandes routes ou autres
ouvrages publics, qu'au préalable ils n'aient
averti le propriétaire. . . . (2). »

Cette prescription est de toute justice, c'est
bien le moins d'avertir un propriétaire chez lequel on va s'introduire, et de lui faire connaître

(1) Règlement du 23 août 1833, art. 9.
(2) Loi des 28 sept. et 6 oct. 1791, sect. IV, des chemins, art. 1.

la décision administrative en vertu de laquelle son champ va être temporairement occupé pour l'extraction des matériaux nécessaires à l'établissement ou à l'entretien des travaux publics.

Nous ne trouvons dans aucune loi postérieure à celle de 1791, l'abrogation de cette disposition, qui est trop juste et trop sage pour ne pas commander l'obéissance ; bien plus, cette prescription est consacrée par des actes plus récents, ainsi le règlement du 25 août 1833, précité, porte, art. 9 : « L'entrepreneur sera tenu de prévenir les propriétaires avant de commencer les extractions » ; ce qui prouve bien que le gouvernement considère comme encore en vigueur l'article sus relaté de la loi de 1791. Cette disposition a, du reste, été reproduite même dans des documents législatifs, lorsqu'une législation spéciale ayant été révisée, il a fallu, pour en faire un ensemble complet, y reproduire des principes consacrés dans l'exécution des travaux publics en général. Ainsi, la loi du 21 mai 1836 sur les chemins vicinaux, exige que l'on signifie aux parties intéressées, au moins dix jours avant que son exécution puisse être commencée, l'arrêté du préfet qui désigne les lieux où les fouilles et extractions pourront être faites (1).

(1) Art. 17.

La fixation du délai déterminé par cet article et le mode d'avertissement qu'il indique, ne sont point de rigueur lorsqu'il s'agit d'un travail autre qu'un chemin vicinal; mais il n'en est pas moins vrai, que pour ces autres travaux, il doit conster qu'un avertissement préalable a été donné au propriétaire.

Autant que possible même on devra, en donnant cet avertissement, notifier en entier l'arrêté du préfet, pour que le propriétaire soit à même de savoir si dans l'exécution de cet arrêté on ne s'écarte pas des limites et des conditions qu'il peut avoir imposées. Cette observation est d'autant plus importante, qu'en cas de difficultés pour le règlement de l'indemnité, les juridictions changent suivant que l'entrepreneur s'est ou non conformé aux dispositions de l'arrêté (1).

**5.** Examinons maintenant les garanties données par la loi aux propriétaires, pour que les fouilles et extractions ne puissent avoir lieu sans désignation et avertissement préalables.

« La juridiction administrative, à raison des fouilles pratiquées pour extraction de matériaux par des entrepreneurs de travaux publics, dit M. Serrigny, est motivée sur ce qu'ils sont les

_____

(1) C. de cass., trib. correct. de Château-Thierry, 1 juillet 1843, ch. crim.— Rapport de M. Rives, S. 43, 1, 670. Voyez _infrà_, n° 9.

représentants et les ayant-droit de l'administration ; or, pour jouir de cette qualité, il faut
qu'ils agissent, dans les limites des pouvoirs à
eux conférés, c'est-à-dire, dans les lieux indiqués.»

Les fouilles sont-elles faites hors des lieux désignés par le préfet, le propriétaire doit se plaindre devant les tribunaux correctionnels et y demander la réparation du dommage éprouvé, sans
préjudice des fins que pourra prendre le ministère public dans l'intérêt de la loi et de la propriété ; si mieux n'aime le propriétaire se pourvoir seulement en règlement d'indemnité devant
les tribunaux civils.

C'est là un point de jurisprudence constant,
qui ne peut aujourd'hui donner lieu à aucun
doute ni à aucune controverse. La jurisprudence
du conseil d'état est parfaitement conforme avec
celle de la cour de cassation, et il suffit, pour
justifier ce que nous avançons, de citer quelques
arrêts récents, émanés de ces deux juridictions
supérieures.

C'est ainsi que la cour de cassation, chambre
criminelle, dans son arrêt du 16 avril 1836, au
rapport de M. Vincens St-Laurent, et aux conclusions de M. Franck-Carré, entre Guy et Martin, dit:

« La cour, vu l'art. 4 de la loi du 28 pluviôse
an VIII :

« Attendu que la disposition de cet article est une conséquence du principe général de notre droit public, d'après lequel le pouvoir judiciaire ne peut troubler les opérations de l'autorité administrative, ni connaître de ses actes. — Qu'en effet, le cahier des charges auquel est soumis l'entrepreneur et les devis qui s'y rattachent, font partie du contrat intervenu entre lui et l'administration; que ce contrat est un acte administratif et que tout ce que fait l'entrepreneur en vertu et pour l'exécution de son contrat, ne peut être apprécié que par les tribunaux administratifs ;

« Mais que les actes qu'il se permet sur la propriété d'autrui hors des termes de son contrat et sans une autorisation expresse de l'administration, comme par exemple les fouilles et extractions de matériaux faits sur des terrains qui ne lui sont indiqués ni par son cahier des charges, ni par un devis supplémentaire, sont dans les attributions des juges ordinaires, puisqu'ils peuvent être appréciés et réprimés sans porter atteinte à aucun acte administratif......Casse... »

Le même jour, la même chambre, aux mêmes rapport et conclusions, a rendu, dans l'affaire Godard, un arrêt qui décide que dans le cas où des extractions sont faites hors des lieux désignés par l'administration, on doit poursuivre les auteurs devant la juridiction correctionnelle.

On peut encore citer l'arrêt de cassation du 3 août 1837, dans l'affaire Grevin ; celui de la même cour, du 21 octobre 1841, au rapport de M. Romiguières et aux conclusions de M. Hello, dans l'affaire Pecollet ; et certes, ce ne sont point là les seuls arrêts que nous pourrions invoquer. De plus, la cour de cassation, dans toutes les décisions où elle a reconnu la compétence des conseils de préfecture, pour juger les réclamations des propriétaires, sur le motif que les fouilles avaient été faites dans les lieux indiqués par les devis, ajoute constamment qu'il en serait autrement si les fouilles avaient eu lieu hors des localités désignées par l'administration, que dans ce dernier cas, ce serait aux tribunaux à réprimer les atteintes portées à la propriété.

La jurisprudence du conseil d'état ne diffère point de celle de la cour de cassation.

Sans citer l'ordonnance du 5 novembre 1828, affaire Duroc, rappelons celle du 19 décembre 1839, au rapport de M. Boulatignier, rendue sur un arrêté de conflit élevé par le préfet du Gard, ainsi conçue :

« Vu les lois des 28 pluviôse an VIII, art. 4 ; du 16 septembre 1807, art. 55 et 56 ; code forestier, art. 145 ; l'ordonnance règlementaire du

1<sup>er</sup> août 1827, art. 175; les lois du 7 juillet 1833,
art. 63; du 27 juin 1833, portant concession du
chemin de fer d'Alais à Beaucaire; les ordonnances
règlementaires du 1<sup>er</sup> juin 1828 et du 12 mars
1831 : considérant qu'il est établi devant le tribunal correctionnel de Nîmes, tant par l'aveu
de la Compagnie concessionnaire du chemin de
fer d'Alais à Beaucaire, que par le déclinatoire
du préfet du Gard, que ladite compagnie n'avait
pas été autorisée à effectuer aucune extraction
de matériaux dans la forêt communale de Cla-
rensac; que dans cet état de choses, la cause ne
présentait aucune question préjudicielle qui fût
du domaine de l'autorité administrative, et que
c'est avec raison, que par son jugement du 27
juin 1839, le tribunal de Nîmes a refusé de se
dessaisir de la cause: Art. 1<sup>er</sup>, l'arrêté de conflit
est annulé. »

L'ordonnance du 30 août 1842, Beguery, contre
Oury, porte :

« Vu la loi du 28 pluviôse an VIII : considérant que la loi du 28 pluviôse an VIII, qui
attribue à l'autorité administrative la connaissance des réclamations élevées contre les entrepreneurs de travaux publics à raison des terrains
pris ou fouillés, n'est applicable que lorsque lesdits entrepreneurs se sont renfermés dans les li-

mites à eux tracées par les devis des travaux ou par les arrêtés préfectoraux ; considérant qu'il résulte de l'instruction que le sieur Oury, en faisant ouvrir une carrière d'exploitation sur le terrain du sieur Beguery, ne s'est pas conformé aux désignations de son devis qui lui indiquaient une autre carrière ; que dès lors, soit en fouillant ledit terrain, soit en le traversant avec ses voitures, le sieur Oury a commis des *voies de fait* dont la connaissance appartient à l'autorité judiciaire.

« Art. 1$^{er}$, etc. »

Cette jurisprudence, confirmée par d'autres décisions semblables, a été proclamée, par les auteurs, juste et conforme à la loi et aux principes (1).

C'est qu'en effet, comme le dit le conseil d'état : celui qui entre dans une propriété privée pour y fouiller et en extraire des matériaux sans l'autorisation ou l'ordre de l'administration compétente, commet un acte qui est une *voie de fait*, et qui doit être poursuivi, jugé et puni comme tel par les tribunaux.

(1) Entre autres MM. de Cormenin, *Droit adm.*, v° travaux publics; Serrigny, *Traité de l'organisation*, etc., t. I, n° 591 ; Dufour, *Traité général du droit administ.*, t. IV, n° 2845 ; et tous les auteurs qui ont traité ces matières. — Voyez encore Curasson, *Traité sur les Justices de paix*, t. I, p. 377.

Il est indispensable que la propriété soit obligée
de souffrir, pour l'exécution des travaux publics,
des redevances et des dommages, lorsqu'un administrateur désigné par la loi en a reconnu la
nécessité; mais quelle garantie y aurait-il, si la
qualité seule d'entrepreneur de travaux publics
ou la condition de manœuvre au service des
ponts et chaussées, donnait le droit d'envahir à
volonté et impunément la propriété privée, de la
fouiller, d'en extraire des matériaux et souvent
la terre elle-même?

Dans un état libre et sous un gouvernement
constitutionnel, il y a deux choses qui sont
spécialement sous la sauvegarde et la protection des lois : la liberté et la propriété. Que les
entrepreneurs et les agents subalternes songent
que, d'après nos lois, ils sont comptables devant
nos tribunaux de répression des voies de fait
qu'ils se permettront en dépassant les ordres de
l'administration; mais que les propriétaires, de
leur côté, au lieu de se montrer trop intéressés
et trop minutieusement inquiets envers les entrepreneurs et les agents des administrations qui
exécutent des travaux publics, sachent dignement
faire respecter leurs droits.

En résumé, pour qu'un entrepreneur ou un
agent de l'administration puisse faire des fouilles

ou extraire des matériaux, il faut que les lieux où il se permet ces actes, lui aient été désignés par l'administration, sinon il y aurait de sa part violation de la propriété, voie de fait, dont le propriétaire lésé pourrait demander la réparation devant les tribunaux.

**6.** Il peut se présenter des doutes sur le point de savoir si les fouilles ont eu lieu dans des terrains désignés par l'administration ou hors de ces lieux; dans ce cas, le propriétaire doit préalablement faire vider cette question.

A qui devra-t-il s'adresser à cet effet?

La désignation des terrains où l'entrepreneur est autorisé à fouiller ou à extraire des matériaux, est toujours faite dans un acte administratif; c'est un arrêté du préfet, un devis, une adjudication, un marché administratif; or, il est de principe incontestable que les tribunaux civils ne sont point compétents pour interpréter les actes administratifs, c'est là une règle fondamentale et de droit public. Cette règle, écrite dans l'art. 13, titre II de la loi du 24 août 1790 portant: « Les fonctions judiciaires sont distinctes et demeureront toujours séparées des fonctions administratives », a été rappelée par la loi du 16 fructidor an III, portant: « Défenses itératives sont faites aux tribunaux de connaître des actes de

l'administration de quelque espèce qu'ils soient. »
Elle a été sanctionnée par nos lois pénales (1).

Ce sera donc aux tribunaux administratifs qu'il
faudra s'adresser pour établir si les terrains fouillés
ont été ou non désignés dans l'acte administratif,
le propriétaire investira le conseil de préfecture
de cette demande préalable. Dans le cas où son
action aurait été déjà portée devant les tribunaux, ceux-ci devront renvoyer aux conseils des
préfectures l'interprétation de l'acte administratif
et surseoir à statuer plus tard, et si les conseils
de préfecture reconnaissent que les fouilles ont
été faites dans les lieux désignés par l'administration, les tribunaux devront se déclarer incompétents; ils resteront saisis de l'affaire dans le cas
contraire et statueront sur le fond.

Il semble qu'en vertu des principes que nous
avons indiqués sommairement tantôt et qui sont
élémentaires, relativement à la séparation des pouvoirs administratif et judiciaire, on ne puisse pas
élever des doutes sur la question de savoir quelle
est l'autorité qui doit interpréter l'acte administratif en vertu duquel les fouilles sont faites.
Toutefois, comme cette question s'est élevée assez
souvent, qu'on la soulève même encore quelque-

(1) Code pénal, art. 127 et suiv.

fois, comme le prouvent des procès récents, citons à l'appui de notre opinion, la solution que les tribunaux ont, dans ce cas, donné à la question.

La Cour de cassation, dans l'arrêt de cassation du 16 avril 1836, précité, porte un considérant ainsi conçu :

«..... Que seulement lorsque le point de savoir si les lieux où les extractions ont été faites est compris dans le cahier des charges ou devis, est contesté entre les parties et ne peut être décidé sans interpréter ces actes, le tribunal saisi doit renvoyer à l'autorité administrative la connaissance de cette question préjudicielle, mais qu'il doit se borner à surseoir et non se dessaisir par une déclaration d'incompétence......»

En effet, l'autorité judiciaire en se dessaisissant, préjugerait en quelque sorte la question qui doit être jugée par les tribunaux administratifs; jusqu'à la décision de ceux-ci, il est impossible qu'elle puisse utilement statuer sur sa compétence, elle ne doit que surseoir à statuer.

Mais poursuivons l'examen de la jurisprudence.

L'arrêt de cassation, rendu le 21 octobre 1841, par la chambre criminelle, au rapport de M. Romiguières, sur les conclusions de M. l'avocat-général Hello, dans l'affaire Pecollet, porte :

« Attendu qu'il résulte des lois du 28 plu-

viôse an VIII et 24 août 1790, qu'un cahier des
charges auquel est soumis un entrepreneur de
travaux publics et les devis qui s'y rattachent,
font partie du contrat intervenu entre lui et
l'administration; que le contrat est un acte administratif et que tout ce que fait l'entrepreneur
en vertu et pour l'exécution de son contrat, ne
peut être apprécié que par les tribunaux administratifs, qu'à la vérité, les actes qu'il se permet
sur la propriété d'autrui, hors des termes de son
contrat et sans une autorisation expresse de l'administration, comme par exemple, les fouilles
et les extractions de matériaux faites sur les
terrains qui ne lui sont indiqués, ni par son
cahier des charges, ni par aucun devis supplémentaire, sont dans les attributions des juges
ordinaires, puisque ces actes peuvent être appréciés et réprimés sans porter atteinte à aucun
acte administratif; mais qu'il en est autrement
lorsque le point de savoir si le lieu où les extractions ont été faites est compris dans les
cahiers des charges ou devis, est contesté entre
les parties et ne peut être décidé sans interpréter
ces actes; qu'alors le tribunal saisi doit renvoyer
à l'autorité administrative la connaissance de
cette question préjudicielle.

« Attendu......

« Attendu qu'il s'agissait d'un règlement d'indemnité dûe à raison d'un terrain fouillé pour
la confection et l'entretien d'un chemin public;
qu'il y avait contestation concernant l'indemnité;
qu'en outre, l'étendue de l'autorisation donnée
à l'entrepreneur était mise en question; d'où la
nécessité d'interpréter un acte administratif; que
sous ces derniers rapports le juge de simple police devait surseoir, afin que la connaissance de
ces points préjudiciels fût soumise à l'autorité
administrative, et qu'en ne prononçant pas ce
sursis, en statuant dores et déjà au fond et par
suite sur des difficultés qui n'étaient pas de sa
compétence, le jugement attaqué a violé les dispositions de la loi du 16 fructidor an III et la
loi du 28 pluviôse an VIII, casse..... »

Les décisions du conseil d'état ne sont pas
moins formelles.

L'ordonnance du 4 avril 1837, rendue au
rapport de M. Macarel, dans l'affaire Devars
contre Richon, est ainsi conçue: « Considérant
dans l'espèce qu'il s'agit d'une demande d'indemnité à raison d'un terrain fouillé pour la
confection d'une route départementale, et que
soit la question de savoir si l'entrepreneur est
sorti des limites à lui tracées par le devis des
travaux, soit le défaut d'accomplissement des

formalités préalables indiquées par le devis, soit
le règlement de l'indemnité dûe au propriétaire
pour des fouilles exécutées dans les limites et
les formes prescrites par le devis, sont de la
compétence de l'autorité administrative, art. 1...»

L'ordonnance du 2 août 1838, au rapport de
M. Vivien, dans l'affaire Laurent contre Segui-
naud, est conçue dans des termes semblables :
« Considérant, porte-t-elle, qu'il s'agit dans l'espèce d'une action intentée à raison d'un terrain
fouillé pour des travaux publics relatifs à la navigation, et que soit la question de savoir si
l'entrepreneur est sorti des limites à lui tracées
par les devis des travaux, soit le défaut d'accomplissement des formalités préalables indiquées sur
le devis, soit le règlement de l'indemnité dûe au
propriétaire pour les fouilles exécutées dans les
limites et les formes prescrites par le devis, sont
de la compétence de l'autorité administrative ;
Art. 1 . . . . . » Voyez encore l'ordonnance du 19
décembre 1839, affaire Bernard, et celle plus
récente du 9 décembre 1843, au rapport de
M. Boulatignier ( Regnier contre Beon ).

Voilà une jurisprudence qui ne peut laisser
de doutes; elle est formelle, nous croyons pouvoir
attester qu'elle est uniforme; elle est complètement adoptée par les auteurs.

Ainsi, revenant sur l'examen qui précède et nous résumant, nous considérons comme établi ce qui suit :

1° Pour que des fouilles et extractions de matériaux, puissent avoir lieu dans un champ, il faut, entre autres conditions, que le champ ait été désigné à cet effet par l'autorité administrative.

2° Dans le cas où un entrepreneur ou un agent pratiqueraient des fouilles dans les lieux non désignés, le propriétaire dont on violerait la propriété, devrait s'adresser, pour obtenir satisfaction, aux tribunaux civils et il pourrait agir même par voie correctionnelle.

3° Quand il s'élève des doutes sur le point de savoir si les lieux où ont été pratiquées les fouilles, étaient ou non désignés dans les actes administratifs, le juge civil investi, doit surseoir, jusqu'à ce que l'autorité administrative compétente, ou soit le conseil de préfecture, ait statué.

Nous verrons plus tard à quels tribunaux il faudra s'adresser, pour réclamer le règlement de l'indemnité à raison des fouilles et extractions pratiquées, en se conformant aux lois.

**7.** Examinons comment reçoit sa sanction cette autre prescription de la loi, exigeant que le propriétaire chez lequel les fouilles doivent être pratiquées, soit préalablement averti.

Il est rare que cette formalité ne soit pas accomplie dans le cas où un arrêté est pris par le préfet pour autoriser les fouilles, on notifie alors communément l'arrêté; mais lorsque l'entrepreneur fait les fouilles en vertu des devis, le plus souvent on opère sans avertir le propriétaire, ce qui est un procédé déjà peu convenable, s'il n'était pas en outre illégal.

Que doit faire, dans ce dernier cas, le propriétaire?

Il y a un arrêt de la cour royale de Toulouse, en date du 10 mars 1834, rendu dans l'affaire Lafue d'Auzas, décidant que les propriétaires peuvent, à défaut d'avertissement préalable, s'opposer à tout enlèvement de matériaux.

C'est là, nous croyons en effet, la seule voie ouverte au propriétaire pour forcer à l'exécution de la loi et, comme nous entendons, par opposition; cette opposition légale résultant de protestations et actes de cette nature, nous craignons bien que cette voie même ne soit pas d'un résultat bien satisfaisant pour le propriétaire.

Quant à la résistance matérielle, celle qui a lieu à l'aide de voies de fait, il serait peu réfléchi d'engager les citoyens à en faire usage, car une pareille opposition est illégale et elle entraînerait les résultats les plus graves et les plus déplorables.

Aussi, dans ce cas, le propriétaire doit employer la voie grâcieuse, porter sa plainte devant l'autorité supérieure, et, suivant la réponse de celle-ci, souffrir, s'il apprend que sa propriété a été désignée pour les fouilles; agir dans le cas contraire contre les entrepreneurs et agents, suivant les règles que nous avons indiquées, dans le cas où les fouilles sont faites hors des lieux désignés par l'autorité.

L'opposition par voies de fait de la part du propriétaire sous le prétexte qu'il n'aurait pas reçu un avertissement préalable, est d'autant moins à conseiller, qu'il pourrait fort bien se faire que l'avertissement eût été donné sans que le propriétaire lui-même en eût eu connaissance, et on conçoit quelles pourraient être, surtout dans ce cas, les suites graves d'une opposition toujours illégalement faite à l'exécution des ordres de l'autorité. Nous disons qu'il peut se faire que l'avertissement ait eu lieu sans que le propriétaire le sache; car, bien que cet avertissement doive, pour plus de régularité, être donné individuellement par notification, la loi de 1791, qu'il faut suivre dans la pluralité des cas (celle du 21 mai 1836 ne s'appliquant qu'aux chemins vicinaux), ne l'exigeant pas, rien n'empêche l'administration de s'en tenir à un avertissement général par publication, affiche ou autre mesure générale, et c'est là un avertissement préalable suffisant aux yeux de la loi (1), qui peut cependant ne pas arriver à la connaissance du propriétaire.

Il faut que les entrepreneurs comprennent combien il est important pour eux de faire donner cet avertissement au propriétaire ; ils éviteront ainsi des oppositions et des tracasseries toujours gênantes et pesantes, lors même qu'elles sont impuissantes ; ils mettront à même le propriétaire de prévenir certains dégâts dont ils seraient tenus de l'indemniser plus tard, et que des mesures conservatoires, utilement prises, pourront prévenir ; enfin, et cette dernière considération seule suffit pour leur faire un devoir de donner cet avertissement préalable ; ils se conformeront à la loi.

**8.** Quant au point de savoir si les formalités prescrites par les devis, cahier des charges ou arrêté, ont été ou non remplies, il n'appartient qu'aux tribunaux administratifs d'en connaître, parce qu'il s'agit de l'interprétation d'actes administratifs pour lesquels ces tribunaux sont seuls compétents (2).

(1) Comme l'a reconnu l'arrêt de la cour de Toulouse, du 10 mars 1834.

(2) M. Dufour, *Traité de droit administ.*, t. IV, n° 2851, 2852, et diverses ordonnances.

**9.** Si le tribunal administratif reconnaît que les conditions imposées par l'acte administratif autorisant les fouilles, n'ont point été remplies ou qu'il ne soit point contesté qu'on ait négligé de les remplir, la répression doit être poursuivie devant les tribunaux civils.

Ce principe est celui sur lequel est basé l'arrêt de cassation, rendu par la chambre criminelle, le 1er juillet 1843, au rapport de M. Rives, ainsi conçu :

« Vu l'art. 4 de la loi du 28 pluviôse an VIII : attendu, en droit, que cet article n'attribue aux conseils de préfecture la connaissance des torts et dommages procédant du fait personnel des entrepreneurs de travaux publics, que dans le seul cas où les entrepreneurs se sont conformés strictement aux termes du contrat qui existe entre eux et l'administration, et n'ont donné lieu qu'en s'y renfermant à la poursuite dont ils sont l'objet ;

« Et attendu dans l'espèce, que les art. 2 et 3 de l'arrêté par lequel le préfet du département de l'Aisne a autorisé l'extraction des pierres meulières dont il s'agit, interdisaient expressément à Liétot de le commencer avant de s'être entendu avec les propriétaires pour le règlement de l'indemnité ou d'avoir fait fixer celle-ci par le conseil de préfecture ; — qu'il est constant néanmoins que cette condition irritante n'a point été remplie; que ledit Liétot n'ayant pu s'accorder à l'amiable avec le maire de Treloup, ainsi qu'il l'a reconnu par son acte d'offres du 7 novembre 1842, devait, selon l'article 3 précité, recourir à la juridiction administrative et n'entreprendre ses travaux que lorsqu'elle aurait prononcé;—que le tribunal de simple police de Condé a donc compétemment constaté et réprimé la contravention résultant de l'inaccomplissement de cette obligation ; — qu'il suit de là que le tribunal correctionnel de Château-Thierry, en infirmant son jugement par le motif qu'il était incompétemment intervenu, a faussement appliqué l'art. 4 de la loi du 28 pluviôse an VIII, et commis une violation expresse des règles de la compétence; casse. . . »

**10.** Lorsqu'un arrêté a autorisé des fouilles, on ne peut se servir des matériaux extraits que pour l'entreprise au sujet de laquelle elles ont été autorisées, mais on ne pourrait pas les livrer au commerce ou les employer ailleurs (1).

**11.** Ainsi :

1° Indication des lieux par l'autorité administrative ;

2° Avertissement préalable au propriétaire ;

(1) Arrêt du conseil du 7 septembre 1755; Ord. règl. sur le Code forest. du 1er août 1827, art. 173.— Règlement du 25 août 1833.

3° Compétence administrative pour décider si les terrains fouillés sont ou non compris dans les limites tracées par l'acte qui les autorise ;

4° Compétence administrative pour décider si l'on s'est ou non conformé aux dispositions des cahiers des charges, devis ou arrêtés;

5° Compétence civile pour juger et réprimer les fouilles faites sans désignation ou hors des lieux désignés.

Voyons s'il est des terrains qui ne peuvent être désignés pour y pratiquer des fouilles et extractions de matériaux.

### III.

QUELS SONT LES LIEUX SUR LESQUELS PEUT PORTER L'AU-
TORISATION DE FOUILLER ET D'EXTRAIRE DES MATÉRIAUX ?

12 Tous les lieux, en général, peuvent être désignés; il existe toutefois diverses exceptions et modifications à raison de la nature
de certaines propriétés.
13 Lieux clos dans lesquels on ne peut faire des fouilles.
14 Extractions dans les carrières.
15 Fouilles près des chemins et habitations.
16 Dans les bois et forêts soumis au régime forestier.
17 Dans les bois des particuliers.
18 Dans les rivières et sur leurs bords.
19 Sur les rivages de la mer.
20 Aux environs des places de guerre.

●

**12.** Tous les lieux peuvent être désignés pour
y pratiquer des fouilles et extractions de matériaux, sauf les exceptions, ou restrictions et modifications ci-après :

**13.** *Lieux clos.* — L'arrêt du conseil du 7 septembre 1755, confirmatif des arrêts des 3 octobre
1667, 3 décembre 1672 et 22 juin 1706, en autorisant l'extraction des matériaux pour l'exécution des travaux publics, apporte une restriction
à l'égard des *lieux qui sont fermés de murs ou au-*

*tres clôtures équivalentes*, *suivant les usages du pays* ; cette restriction est renouvelée dans l'arrêt du conseil du 20 mars 1780.

Bien que ces arrêts remontent à près d'un siècle, et que plusieurs lois aient été rendues sur ces matières depuis cette époque, aucune de ces lois ne portant l'abrogation tacite ou formelle de cette disposition, elle est partant encore en vigueur, et il faut tenir pour certain qu'un entrepreneur de travaux publics ou un agent de l'administration ne pourraient pratiquer des fouilles et extractions de matériaux dans les terrains clos, encore que ces lieux, par oubli, négligence, ignorance ou tout autre motif, eussent été indiqués par les devis.

MM. de Caudaveine et Thery, dans leur *Traité sur l'Expropriation pour cause d'utilité publique*, pensent que cette prohibition « est plutôt de conseil que de précepte strict, et qu'elle devrait fléchir si l'administration éprouvait un grave préjudice en s'y soumettant, ce qui se rencontrerait quand elle serait obligée de faire ses extractions ou ses dépôts à une grande distance du lieu où les travaux s'exécutent. »

Ceci ne peut être admis : ou le droit de l'administration existe dans la loi, ou il n'existe pas, et dans ce dernier cas, l'administration ne pourrait

le créer en prétextant des difficultés que la sou-
mission à la loi entraînerait pour elle.

Nous verrons d'ailleurs bientôt quelle est l'é-
tendue qu'on doit donner à la prohibition de
fouiller dans les terrains clos; mais d'abord, en
règle générale, quand les terrains seront-ils réputés clos?

S'ils sont *fermés de mur*, dit l'arrêt du conseil,
c'est-à-dire entièrement entourés par des murs de
manière à ce qu'on ne puisse s'y introduire sans
les franchir ou les renverser, là il ne peut y avoir
des difficultés; les terrains ainsi fermés sont indubitablement des terrains clos; la difficulté naît
lorsqu'il s'agit de déterminer ce que l'arrêté a
voulu entendre par *autres clôtures équivalentes
suivant les usages des lieux*.

Il y a eu dans la session de 1844 de la chambre
des députés, une discussion relative à cette question, c'était à propos de la loi sur la chasse; la loi
autorisait le propriétaire de l'enclos attenant à
une habitation, à chasser en tout temps; il fallait
donc déterminer quand le terrain devrait être
considéré comme clos; la discussion fut longue,
elle fut peu utile, parce qu'elle porta sur le point
de savoir si la loi devait fixer ce qu'on devait entendre par clôture, ou si elle devait purement
exempter de la prohibition de chasser, les pro-

priétaires des lieux clos, et en définitive, on fut
d'avis de laisser aux tribunaux le soin de juger
quand le terrain devrait ou non être considéré
comme clos. Nous ne nous arrêterons pas à l'examen de tous les genres de clôture usités en France,
pour savoir quand on devra considérer un terrain comme clos d'après la loi, et surtout d'après
notre arrêt de 1755; qu'il nous suffise de faire
remarquer que d'après cet arrêt il faut:

1° Que les lieux soient fermés;

2° Que la clôture soit, suivant l'usage du pays,
équivalente à une clôture de mur.

Pour commentaire à cette dernière condition,
nous nous contenterons de rapporter la disposition
de la loi des 28 septembre—6 octobre 1691, sur
la police rurale, section IV, art. 6, ainsi conçu:

« L'héritage sera réputé clos, lorsqu'il sera
entouré d'un mur de 4 pieds de hauteur. avec
barrière ou porte, ou lorsqu'il sera exactement
fermé et entouré de palissades ou de treillages,
ou d'une haie vive, ou d'une haie sèche faite avec
des pieux ou cordelée avec des branches, ou de
tout autre manière de faire des haies en usage
dans chaque localité, ou enfin d'un fossé de 4
pieds au moins à l'ouverture et de 2 pieds de
profondeur. »

Dans tous les cas où il se présenterait des doutes

sur le point de savoir si la propriété est ou non
close, l'entrepreneur ou l'agent devrait suspendre
ses fouilles et se retirer devant le conseil de préfecture qui, ayant à statuer alors sur l'exécution
de l'acte administratif autorisant les fouilles, dé-
clarerait si le lieu désigné est ou non clos, c'est
ce qu'a jugé l'arrêt de la cour de Toulouse, du
10 mars 1834, dans l'affaire Lafue d'Auzas, que
nous avons déjà eu occasion de citer; c'est ce qu'a
également jugé le conseil d'état, le 1ᵉʳ juillet 1840,
dans l'affaire de Champagné; il s'agissait d'une
terre labourable qui, close, suivant l'usage du pays,
d'un large fossé et d'une haie vive, plantée sur le
rejet des rives, avait été désignée pour l'extraction
des matériaux nécessaires à un travail public;
sur l'opposition du propriétaire, portée devant le
conseil de préfecture de la Mayenne, ce conseil
s'était déclaré incompétent; suivant lui, c'était
au préfet ou au ministre des travaux publics à
statuer (1).

Pourvoi du sieur de Champagné qui demande
devant le conseil d'état l'évocation de la cause au
fond. Le conseil d'état, malgré l'opinion contraire
du ministre des travaux publics, a déclaré qu'aux

(1) Ces principes, d'abord professés par M. Dufour, ont été ensuite
combattus par cet auteur, qui défend ceux que nous posons d'après la
cour de Toulouse et le conseil d'état. Voy. M. Dufour, *Traité de droit
administ.*, t. IV. nᵒ 2851.

termes de l'art. 4 de la loi du 28 pluviôse an VIII,
c'était au conseil de préfecture à statuer sur la
réclamation formée par le propriétaire ; mais au
fond, le conseil d'état a rejeté les conclusions de
M. de Champagné ; l'ordonnance sur ce point est
ainsi conçue :

« Au fond. — Considérant qu'il résulte de
l'instruction, que le champ du Devant était une
terre labourable et non fermée de murs ou d'une
clôture équivalente, suivant les usages du pays, à
l'époque où il a été désigné à l'entrepreneur des
travaux de construction de la route stratégique n°
36; que, dès lors, il ne rentre pas dans le cas de l'exception qui résulte de la combinaison des arrêts
du conseil des 7 septembre 1755 et 20 mars 1780.
Art. 1er. L'arrêté sus-visé du conseil de préfecture
du département de la Mayenne est annulé. Art. 2.
La requête du sieur Champagné-Griffart est rejetée dans le surplus de ses conclusions. »

Dans la dernière partie de sa décision, le conseil d'état s'est sans doute plus appuyé sur l'arrêt
du 20 mars 1780 que sur celui du 7 septembre
1755, et en prenant en considération la défense
qui lui fut présentée, on peut croire qu'il a entendu, d'après l'arrêt de 1780, que la prohibition
contenue dans celui de 1755 « ne devait s'entendre que des cours et jardins, vergers et autres

possessions de ce genre, et quelle ne pouvait s'é-
tendre aux terres labourables, prés, bois, vigno-
bles et autres terres de la même nature, quoique
closes. »

Cet arrêt fut rendu à l'occasion de la construction de la route d'Honfleur à Lisieux et de
celle de Lisieux à Caen ; les propriétaires, en
cherchant à se prévaloir de l'art. 1$^{er}$ de l'arrêt du
conseil du 7 septembre 1755, s'opposaient à ce
que les entrepreneurs eussent la faculté de prendre des matériaux dans tous les terrains indis-
tinctement lorsqu'ils étaient clos, et les tribunaux
avaient fait droit à leur demande; il résultait de
cet état de choses un préjudice grave pour l'administration. Aussi le roi, en son conseil, ouï le
rapport de M. Moreau de Beaumont, conseiller d'é-
tat, *interprétant en tant que de besoin les dispositions
de l'arrêt du 7 septembre 1755,* autorise « à prendre
les pierres, grès, sables et cailloux nécessaires sur
toutes les terres labourables, herbages, vignes,
prés, bois et autres terrains équivalents, quoique
fermés de clôtures de pierres sèches, de haies ou
de fossés, à l'exception néanmoins des cours,
jardins et vergers entourés de murs, le tout sur
l'indication des lieux propres à l'extraction des

matériaux qui sera donnée par écrit........ (1). »

Puisqu'on admet que l'arrêt du conseil du 7 septembre 1755 est encore en vigueur, et qu'on invoque ses dispositions pour exempter des fouilles les lieux clos, il faut nécessairement se conformer aussi à l'interprétation donnée à cet arrêt par celui du 20 mars 1780. Cette interprétation, qui satisfait aux besoins des travaux publics, était si nécessaire, que même, avant la découverte de l'arrêt de 1780, c'était dans ce sens que M. Tarbé de Vauxclairs professait que l'on devait entendre l'exemption en faveur des terres closes.

Lorsqu'un lieu non clos aura été désigné pour y pratiquer des fouilles et extractions de matériaux, le propriétaire pourra-t-il se soustraire à cette charge en construisant une clôture ?

Le propriétaire ayant le droit d'user et d'abuser de sa propriété, peut indubitablement la clore, c'est une faculté qui résulte pour lui du droit de propriété ; le code rural du 6 octobre 1791 (2), et le code civil, art. 647, ont même cru devoir la sanctionner à cause de l'existence de certaines coutumes qui pouvaient contrarier son

---

(1) L'arrêt du conseil du 20 mars 1780, après avoir été inséré, d'abord dans les *Annales des ponts et chaussées*, a été reproduit dans le *Traité de la législation des travaux publics* de M. Husson, t. 1, p. 397, et dans le *Traité de droit administ.* de M. Dufour, t. IV, n° 2848.

(2) Art. 4, sect. IV.

application; dès lors, rien ne peut empêcher le propriétaire dont les terrains ont été désignés, de les clore. Par suite, on a généralement adopté l'opinion que les propriétés ainsi closes postérieurement à la désignation des lieux, se trouvent exonérées de la servitude des fouilles et extractions de matériaux ; c'est l'opinion de MM. Cotelle (1), de Cormenin (2), Dubois de Niermont (3), Foucart (4) ; le conseil d'état lui-même a admis cette doctrine dans l'ordonnance rendue le 5 novembre 1828, au rapport de M. Tarbé de Vauxclairs, dans l'affaire Pasquier, et plus récemment nous croyons, dans une ordonnance du 4 septembre 1840.

Les frais de la clôture telle qu'elle doit exister pour que les fouilles ne puissent avoir lieu, sont assez forts pour que le propriétaire n'essaie pas souvent d'employer un pareil moyen pour soustraire légalement sa propriété aux extractions de matériaux, et il faut avouer que s'il en était autrement, cela présenterait souvent de grands inconvénients pour l'exécution des travaux publics, surtout si on n'admettait pas la distinction que

(1) Deuxième édit., t. III, p. 500.
(2) Droit adm., v° trav. publics, n° 2, 29° notes.
(3) *Organ. des conseils de préfect.*, p. 473, note.
(4) Édition de 1839, t. II, p. 521, n° 562. — Voy. cependant, pour l'opinion contraire, MM. Serrigny, *Traité de l'organisation*, etc., t. I, n° 605, et Dufour, *Traité général du droit administ.*, t. IV, n° 2850.

nous avons faite d'après l'arrêt du 20 mars 1780.

Réciproquement, si un terrain était clos et que, par suite de l'exécution des travaux et en vertu d'une expropriation pour cause d'utilité publique ou d'une cession volontaire, l'administration eût été autorisée à le traverser par une route, un canal, etc., la clôture cessant dès lors d'être continue, le propriétaire ne pourrait s'en prévaloir pour interdire les fouilles qui y seraient faites après l'accomplissement des formalités préalables.

**14.** *Carrières.* — Le droit qu'ont les entrepreneurs de travaux publics de se procurer des matériaux dans les carrières exploitées ou non, a été reconnu et assuré par divers arrêts du conseil (1), dont aucune loi postérieure n'a prononcé l'abrogation.

L'exercice de ce droit, à l'égard des carrières déjà existantes, est soumis, pour les formalités préalables aux mêmes prescriptions que lorsqu'il s'agit des autres extractions, seulement pour le règlement de l'indemnité, on suit des règles particulières que nous aurons à examiner plus tard.

D'après les arrêts des conseils des 14 mars 1741 et 5 avril 1772, l'ordonnance du bureau des finances du 17 juillet 1781, maintenus implici-

(1) Ainsi, ceux des 3 oct. 1667, 5 déc. 1672, 22 juin 1707, 7 sept 1755. Voy. les lois des 28 juillet et 28 sept. 1791.

tement par la loi du 21 avril 1810, il est défendu d'ouvrir des carrières dans le voisinage des routes à moins de 58 mèt. 47 cent. du bord extérieur des fossés.

**15.** *Voisinage des chemins et habitations.* — Si les fouilles ou extractions de matériaux sont de peu d'importance, si elles ont lieu pour un travail urgent ou de simple entretien, s'il n'est besoin d'établir ni puits, ni galeries, mais seulement de faire quelques emprunts à la superficie des terrains, soit sable, terre ou cailloux, ce serait imposer une gêne pesante et inutile aux entre· preneurs et agents de l'administration que de les soumettre à toutes les lois et à tous les arrêtés de police applicables au cas de creusement de puits, de mines, à ceux d'exploitation de carrières, de fouilles et excavations souterraines, d'établissement de galerie ; ce serait appliquer aux matières qui nous occupent, au grand détriment des travaux publics, et par suite de l'état, des lois qui ont été créées pour régir d'autres cas et d'autres matières. Ainsi, il serait par trop ridicule d'empêcher des entrepreneurs de ramasser des cailloux sur le sol d'un champ pour l'entretien d'une route, sous le prétexte que c'est là une extraction de matériaux qui ne peut être faite qu'à une certaine distance des routes ou maisons d'habitation ;

en effet, qu'ont voulu les lois qui ont porté des dispositions prohibitives dans les cas de fouilles, sinon défendre les chemins et routes et les habitations contre les dangers des excavations souterraines, ou même des déchaussements extérieurs qui pourraient en compromettre la sûreté (1)? Ces lois ne peuvent donc qu'être applicables aux fouilles et extractions de matériaux qui pourraient présenter de pareils inconvénients; alors, mais seulement alors subsistent les prohibitions portées par les arrêtés généraux et les usages locaux confirmés sur ce point par nos lois; alors seulement sont applicables les défenses mentionnées dans les arrêtés de police pris dans chaque localité par les autorités compétentes. Du reste, pour chaque exploitation, l'administration doit, en vertu du pouvoir que lui confèrent les lois de prendre toutes les mesures nécessaires pour assurer la sûreté publique, ordonner, lorsqu'il y aura lieu, les précautions à prendre et établir même des prohibitions pour que dans aucun cas on ne compromette la vie des hommes en touchant à la solidité du sol et des édifices.

Lorsque des contraventions aux règlements de

(1) Ainsi jugé, que l'arrêt du conseil du 5 avril 1772, qui défend *d'ouvrir des carrières* à moins de 30 toises de distance du bord extérieur des grandes routes, est encore en vigueur. — Ord. du 27 oct. 1837 (min. des trav. publics), réformant un arrêté du conseil de préf.

cette nature, intéressant la sûreté publique et la viabilité des routes, seront commises, les officiers publics, chargés de la répression, les poursuivront devant les tribunaux compétents, qui prononceront les amendes ainsi que l'adjudication des indemnités dûes pour dommage.

**16.** *Bois et forêts soumis au régime forestier.* — Des lois spéciales ont statué sur le cas où les fouilles seraient faites dans des lieux soumis au régime forestier.

Voici quelle est la législation en cette matière.

Code forestier, art. 144 : « Toute extraction ou enlèvement non autorisé, de pierre, sable, minerai, terre ou gazon, tourbe, bruyère, genêts, herbages, feuilles vertes ou mortes, engrais existant sur le sol des forêts, glands, faines et autres fruits ou semences des bois et forêts, donnera lieu à des amendes qui seront fixées ainsi qu'il suit : par charretée ou tombereau, de 10 à 30 fr. pour chaque bête attelée ; par chaque charge de bête de somme de 5 à 15 fr. ; pour chaque charge d'homme de 2 à 6 fr.

« Art. 145. Il n'est point dérogé au droit conféré à l'administration des ponts et chaussées d'indiquer les lieux où doivent être faites les extractions de matériaux pour les travaux publics ; néanmoins, les entrepreneurs seront tenus envers l'état, les communes et établissements publics, comme envers les particuliers, de payer toutes les indemnités de droit, et d'observer toutes les formes prescrites par les lois et règlements en cette matière. »

Ordonnance règlementaire pour l'exécution du code forestier, du 1er août 1827, art. 170 : « Lorsque les extractions de matériaux auront pour objet des travaux publics, les ingénieurs des ponts et chaussées, avant de dresser le cahier des charges des travaux, désigneront à l'agent forestier supérieur de l'arrondissement, les lieux où les extractions devront être faites.

« Les agents forestiers, de concert avec les ingénieurs ou conducteurs des ponts et chaussées, procèderont à la reconnaissance des lieux, détermineront les limites du terrain où l'extraction devra être effectuée, le nombre, l'espèce et les dimensions des arbres dont elle pourra nécessiter l'abattage, et désigneront les chemins à suivre pour le transport des matériaux. En cas de contestation sur ces divers objets, il sera statué par le préfet.

« Art. 171. Les diverses clauses et conditions qui devront, en conséquence de l'article précédent, être imposées aux entrepreneurs, tant pour le mode d'extraction que pour le rétablissement des lieux en bon état, seront rédigées par les agents forestiers et remises par eux au préfet, qui les fera insérer au cahier des charges des travaux.

« Art. 172. L'évaluation des indemnités dûes à raison de l'occupation ou de la fouille des terrains et des dégâts causés par l'extraction, sera faite conformément aux art. 55 et 56 de la loi du 16 septembre 1807.

« L'agent forestier supérieur de l'arrondissement, remplira les fonctions d'expert dans l'intérêt de l'état, et les experts dans l'intérêt des communes ou des établissements publics, seront nommés par les maires ou les administrateurs.

« Art. 173. Les agents forestiers et les ingénieurs et conducteurs des ponts et chaussées sont expressément chargés de veiller à ce que les entrepreneurs n'emploient pas les matériaux provenant des extractions à d'autres travaux que ceux pour lesquels elles auront été autorisées.

« Les agents forestiers exerceront contre les contrevenants toutes les poursuites de droit.

« Art. 174. Les arbres et portions de bois qu'il serait indispensable d'abattre pour effectuer les extractions, seront vendus comme menus marchés sur l'autorisation du conservateur. »

« Art. 175. Les réclamations qui pourront s'élever relativement à l'exécution des travaux d'extraction et à l'évaluation des indemnités, seront soumises aux conseils de préfecture conformément à l'article 4 de la loi du 17 février 1800 (28 pluviôse an VIII). »

Règlement ministériel de 1833. Art. 9....., dans le cas où le devis prescrirait d'extraire les matériaux dans les bois soumis au régime forestier, l'entrepreneur devra se conformer sans recours en indemnité contre l'administration des ponts et chaussées aux obligations résultant pour lui de l'art. 145 du code forestier, ainsi que des art. 172, 173 et 174 de l'ordonnance royale du 1er août 1827, concernant l'exécution de ce code.»

La cour de cassation a jugé avec beaucoup de raison, par son arrêt du 16 avril 1836, rendu dans l'affaire Godard, sur le rapport de M. Vincens St-Laurens et les conclusions de M. Franck-Carré, que l'extraction des matériaux dans une forêt, par exemple dans les bois de la couronne, n'était point subordonnée à l'autorisation du propriétaire, et que, par suite, la désignation pouvait bien porter sur ces terrains lors même que le propriétaire s'y refuserait ou n'aurait point été consulté. On voulait conclure de l'art. 169 de l'ordonnance du 1er août 1827, que cette autorisation était nécessaire; mais, comme l'observe la cour, cette disposition dans laquelle on parle d'une autorisation du directeur général des forêts, a uniquement pour objet de régler l'exécution de l'art. 144 du code forestier relatif aux extractions faites pour un tout autre objet que des travaux publics, et l'exécution de l'art. 145 du code forestier relatif à ces dernières extractions, est exclusivement régie par les art. 170 et suiv. de ladite ordonnance.

D'où il résulte, comme l'a décidé la cour de cassation, que lorsqu'il y a eu désignation légale des lieux par l'administration, l'extraction des matériaux ne peut être considérée comme un délit de la compétence des tribunaux correctionnels, mais peut donner lieu seulement à une action en dommages-intérêts devant le conseil de préfecture, conformément à l'art. 4 de la loi du 28 pluviôse an VIII.

Dans ce même arrêt, la cour de cassation, après avoir reconnu qu'il n'est pas libre à l'administration forestière de défendre des extractions de matériaux dans les forêts soumises au régime forestier, lorsque ces matériaux sont destinés à des travaux publics et que les lieux ont été légalement désignés par l'autorité compétente, reconnaît que l'irrégularité dans l'accomplissement des formalités prescrites par les art. 170 et 171 de l'ordonnance du 1er août 1827, « ne peut avoir pour effet d'assimiler l'entrepreneur à un dé-

linquant ordinaire, ni de faire cesser à son égard
la compétence des conseils de préfecture; que si
son contrat d'adjudication en vertu duquel il a
agi, est irrégulier par l'omission des formalités
dont il aurait dû être accompagné, ce n'est pas
moins un acte administratif dont il n'appartient
pas aux tribunaux d'apprécier la régularité. »

Sur tous ces points d'ailleurs, la cour de cassation n'a eu qu'à confirmer l'arrêt de la cour
royale déféré à son examen; c'est avec raison
qu'elle a réformé la partie de ce même arrêt dans
laquelle on était allé jusqu'à décider que même
pour les extractions faites en dehors des limites
fixées par les devis et cahier des charges, le propriétaire n'avait qu'une action en dommages-
intérêts devant le conseil de préfecture. Il est
inutile de rappeler à cet égard les principes que
nous avons déjà établis à ce sujet, et qui sont
applicables sans distinction, par rapport à la nature de la propriété fouillée, terre à blé, vigne,
têrre culte ou inculte ou bois et forêts.

Ainsi, lorsque les fouilles ont lieu dans des forêts
à l'occasion de travaux publics, outre les conditions généralement exigées, les employés des ponts-
et-chaussées doivent remplir, avant la désignation
des lieux, les formalités préalables indiquées dans
les art. 170 et suiv. de l'ordonnance du 1er août

1827 ; toutefois, les lieux une fois désignés, si ces formalités n'ont point été remplies ou l'ont été irrégulièrement, il ne reste que l'action en dommages-intérêts devant les conseils de préfecture.

Comme cependant l'administration forestière est dans l'habitude, même dans ce dernier cas, de citer ceux qu'elle considère comme délinquants devant les tribunaux correctionnels, nous croyons devoir insister pour soutenir que les conseils de préfecture sont seuls compétents ; nous venons de voir que c'est ainsi que l'a jugé la cour de cassation.

Cela résulte d'ailleurs : ·

De l'art. 145 du code forestier ;

De l'art. 175 de l'ordonnance règlementaire de ce code.

De cette considération, qu'il ne serait point juste qu'un tribunal de répression pût condamner à une peine correctionnelle un agent ou entrepreneur qui n'aurait agi que d'après les ordres ou autorisations consignées dans un acte administratif, sanctionné par un fonctionnaire supérieur, ce dernier ayant agi lui-même dans les limites des ses attributions, mais sans que l'on eût rempli vis-à-vis de l'administration forestière certains préalables, ce que l'agent ni l'entrepreneur n'avaient ni le droit, ni le pouvoir de rechercher ou de contrôler (1).

Si les extractions ayant été faites hors des devis, il y avait lieu à une action correctionnelle, on pourrait citer devant les tribunaux de répression les entrepreneurs et les agents, ou soit les agents de l'administration pour compte de laquelle ces travaux seraient faits, et même dans ce cas l'administration elle-même, et ceci s'applique tant en matière de fouilles dans les forêts qu'à tout autre dommage (2).

Mais pour citer devant les tribunaux de répression l'administration responsable, une commune par exemple, il faut que l'agent, auteur direct du délit, soit en cause. L'obligation de celui qui est soumis à la responsabilité d'un fait auquel il n'a pas concouru, est une obligation accessoire purement civile et dont les tribunaux correctionnels ne peuvent connaître qu'accessoirement à l'action correctionnelle qui constitue l'obligation principale. L'auteur direct du délit, n'étant pas cité, le tribunal correctionnel est incompétent pour connaître de la responsabilité, et cette com-

(1) Voy. toutefois ord. 3 mars 1840, adm. forest.
(2) Ord. 19 oct. 1825, Magne; 22 nov. 1826, Daverton.

pétence matérielle étant absolue et d'ordre public,
peut être proposée en tout état de cause (1).

En outre, lorsque l'administration, citée comme
civilement responsable, ne peut ester en justice
qu'après avoir été autorisée à défendre, il faut
préalablement demander cette autorisation, car
l'action contre l'administration n'est point et ne
peut être une action criminelle ou correctionnelle
dans le sens ordinaire de ce mot; ce n'est jamais
qu'une action en responsabilité pécuniaire et il ne
peut en être intenté d'autre contre un hospice, un
département, une commune. Ces principes ont été
reconnus à l'égard des communes, depuis la loi de
1837, sur l'administration municipale, par un arrêt de la cour de Rennes, du 29 novembre 1839,
c'était dans le cas précisément d'un délit forestier:
on avait cité devant le tribunal correctionnel un
pâtre communal, ainsi que la commune, cette dernière comme civilement responsable; la commune
non autorisée présenta une exception de non re-
cevabilité qui fut admise en première instance;
sur l'appel, le jugement fut confirmé.

Observons encore que dans les cas de responsabilité, l'amende qui est souvent très forte, ne
peut atteindre que les prévenus déclarés cou-

_____

(1) Arrêts de la cour de cass. des 11 sept. 1818 et 9 juin 1832.

pables des délits; car l'amende est une peine, et
toute peine est essentiellement personnelle ; la
responsabilité ne peut s'étendre au-delà des dommages-intérêts et de la restitution; cette déduc-
tion évidente du caractère pénal de l'amende a
été fréquemment consacrée par la jurisprudence,
et il suffit de citer entre autres les arrêts de cassation des 12 pluviôse an X, 14 février 1819, 5
février 1820, 8 août et 4 septembre 1823, 18
novembre 1825, 21 avril et 15 décembre 1827,
18 octobre 1827, 9 juin 1832, etc. La doctrine
des auteurs ne diffère point de la jurisprudence
des tribunaux. Ainsi, voyez Merlin, *Répertoire*,
v° *Responsabilité*; Toullier, tom. II, n° 290; Carré,
*Lois sur la procédure*, tom. II, n°s 2326 et 2327;
Zachariæ, *Droit civil français*, tom. III, § 447;
Chauveau et Hélie, *Théorie du code pénal*, tom. I,
pag. 291, etc.

**17.** M. Gand, dans son *Traité sur l'expropriation pour cause d'utilité publique*, croit que lorsqu'il s'agit de bois particuliers, on ne peut y faire
des fouilles même avec une autorisation du préfet;
suivant lui, il faut une expropriation ou une cession volontaire. C'est là une opinion tout à fait
contraire à l'arrêt de la cour de cassation du 16
avril 1836 que nous citions tantôt, et c'est une
erreur que ne justifient ni les textes, ni les raisons

données par M. Gand; la loi est formelle, elle est
générale, et nous ne voyons pas quand il sera
permis de couper des arbres de produit et d'agrément dans un champ cultivé, d'y détruire les
récoltes, lorsque cela sera nécessaire pour y faire
des fouilles, pourquoi ce privilége devrait s'arrêter
devant les arbres des forêts? « C'est dégrader
« le fonds même, dit M. Gand, en le dépouillant
« d'un accessoire qui en faisait partie intégrante
« et formait un des principaux éléments de sa
« valeur. » Mais la terre que l'on enlève des fonds
pour les chaussées ne fait-elle pas partie intégrante du fonds, surtout lorsque cet enlèvement
découvre des rochers et rend incultivable la partie
du champ où elles sont faites? N'en est-il pas
de même des pierres que l'on enlève d'une carrière en exploitation? Et cependant toutes ces
fouilles, tous ces enlèvements de matériaux ne
peuvent donner lieu qu'à une indemnité à régler
amiablement, et à défaut, devant les conseils de
préfecture; cela se résout toujours en une question
d'indemnité qui, comme nous aurons occasion de
le voir plus tard, ne pourra être accordée le plus
souvent que pour les dégâts commis, et non à
raison des matériaux extraits.

**18.** *Rivières.*— L'ordonnance du 16 août 1669,
tit. 27, art. 40, fait défense de tirer des sables et

autres matériaux à six toises (11 mèt. 70 cent.),
près des rivières navigables, à peine de 100 liv.
d'amende. Cette prohibition, renouvelée par l'ordonnance du conseil du 27 juin 1777, a pour but
surtout de sauvegarder, défendre et garantir les
travaux qui peuvent se trouver faits sur les bords
des cours d'eau, soit pour prévenir les inondations, soit dans un tout autre but; on doit même
tenir pour certain que si les fouilles et extractions
faites, quoique en dehors de cette distance, pouvaient attaquer les digues et nuire à d'autres travaux de cette nature, l'auteur de ces fouilles se
mettrait dans le cas de l'application de l'art. 437
du code pénal.

D'un autre côté, lorsque les fouilles et extractions de sables ou pierres ne causeront aucune
nocuité, comme le lit des rivières navigables et
flottables appartient à l'état, il est hors de doute
que si le préfet autorise ces fouilles ou extractions,
l'entrepreneur pourra les faire en toute sécurité;
mais cette autorisation est indispensable, le droit
de propriété de l'état, l'intérêt de la navigation, la
sûreté des riverains en font un triple devoir. Si
on ne pouvait pas rapporter cette autorisation, les
enlèvements constatés par les agents de la navigation devraient cesser sur l'ordre du sous-préfet
ou du préfet, sauf ensuite aux conseils de pré-

fecture à statuer sur les dommages-intérêts et amendes, comme chargés de la répression des contraventions relatives à la grande voirie (1).

Adoptant l'avis de presque tous les auteurs (qui n'est pas celui entre autres de M. Proudhon, des principes duquel nous ne nous écartons qu'avec la plus grande peine), et considérant le sol sur lequel coulent les eaux d'une rivière qui n'est ni navigable ni flottable, comme appartenant aux riverains; nous pensons qu'il faudra nécessairement, pour faire des fouilles et extractions dans les lits de ces cours d'eau, suivre les formalités prescrites pour les fouilles et extractions dans les propriétés privées en général; de plus, l'autorité administrative ayant la haute surveillance de tous les cours d'eau, il serait prudent, lors même que l'on aurait l'autorisation des propriétaires, si l'entrepreneur voulait pratiquer les fouilles et faire les extractions hors des lieux indiqués par les devis, de se munir d'une autorisation administrative.

Si, en faisant des fouilles dans un cours d'eau, on nuisait à des plantations des riverains, ceux-ci n'auraient qu'une action en dommages-intérêts devant les conseils de préfecture, comme il a été

(1) M. de Cormenin, *Cours d'eau*, n° 13 et les ord. par lui citées en note.

jugé dans l'affaire Roux, par ordonnance du 13
août 1823, confirmant un conflit élevé par le
préfet du Rhône.

Le préfet du Rhône avait prohibé aux riverains d'extraire le sable et les cailloux déposés
dans la rivière de Lardière, parce que ces matériaux étaient insuffisants pour la construction
de deux routes exécutées par des entrepreneurs
de travaux publics. Ces derniers avaient été seuls
autorisés à faire ces extractions; des propriétaires
voulurent les en empêcher en alléguant des dégâts
causés à leurs plantations riveraines ; l'affaire fut
portée par les propriétaires devant le juge de paix,
celui-ci se déclara compétent, mais l'ordonnance
précitée confirma l'arrêté de conflit, sur le motif
qu'il est défendu à l'autorité judiciaire de s'immiscer dans l'exécution des actes administratifs (1).

En résumé, dès que des extractions ont lieu
dans des cours d'eau, on doit toujours rapporter
l'autorisation administrative ; si elles sont faites
dans des cours d'eau ni navigables, ni flottables,
il faut remplir, à l'égard du propriétaire du fonds,
les formalités prescrites pour l'extraction des matériaux dans les propriétés privées.

Les extractions aux abords des cours d'eau navigables ou flottables faites avec l'autorisation des

(1) *Sic* decret du 30 mars 1812, aff. Lisé.

propriétaires des fonds sis sur leurs rives, mais sans celle de l'administration, ne doivent pas s'avancer à moins d'une distance d'environ 12 mètres de ces cours d'eau, ou soit du lieu où commence le lit de la rivière, propriété de l'état.

Pour les contraventions qui ont lieu à l'occasion des fouilles faites dans le lit des cours d'eau appartenant à l'état, les conseils de préfecture sont chargés de prononcer les amendes et de statuer sur les réparations; ce sont également ces tribunaux administratifs qui doivent arbitrer l'indemnité dûe aux riverains à l'occasion des dommages qui peuvent résulter pour eux des fouilles autorisées.

**19.** *Rivages de la mer.* — D'après l'art. 538 de notre code civil, les rivages, lais et relais de la mer, les havres et rades sont considérés comme des dépendances du domaine public; donc les fouilles et extractions de matériaux ne peuvent y être faites sans une autorisation de l'administration; ces travaux ont en effet pour résultat d'altérer l'état matériel de la chose publique, à laquelle, comme l'observe Proudhon, nul ne doit toucher que pour s'en servir conformément à sa destination (1). Proudhon ajoute :

(1) *Du Domaine public*, t. III, p. 43, édit. de Dijon, 1834, n°˙ 709 et 710.

lors même que l'administration ne s'opposerait pas à ces enlèvements et fouilles pratiquées sur le littoral, les particuliers pourraient y mettre obstacle par action privée; sur le motif que tout individu agissant de sa propre autorité et sans la permission de la loi ou du prince, ne peut rien faire dans un lieu public qui puisse causer du dommage à des tiers (1), et ces enlèvements, en rapprochant les eaux de la mer de leurs héritages, les exposeraient à voir leurs fonds envahis par la mer.

Si les extractions avaient lieu sur l'autorisation ou l'ordre de l'administration, les propriétaires ne pourraient se plaindre que par voie grâcieuse, et l'administration, sans doute, accueillerait leurs plaintes si elles étaient fondées ; si elles étaient rejetées, ils pourraient se pourvoir toujours par la voie grâcieuse du préfet au ministre. S'ils voulaient employer la voie contentieuse, ils ne pourraient que former une action en dommages-intérêts devant les conseils de préfecture, mais comme ils ne pourraient se plaindre que d'un danger qu'ils peuvent courir dans l'avenir, et de dommages qu'ils pourront supporter plus tard, et comme de pareilles demandes sont avec raison peu dans le cas d'être accueillies par nos tribu-

(1) L. 2, ff. *Ne quid in loco public.*, lib. XLIII, t. 8.

naux civils ou administratifs, les propriétaires doivent éviter de s'y engager.

**20.** *Places de guerre.* — Il n'est point permis de fouiller à une distance de 974 mètres autour des places de guerre, et à celle de 584 mètres des postes militaires, sans s'être concerté avec les officiers du génie, et à la charge d'exécuter les conditions imposées par le ministre de la guerre. Les conseils de préfecture sont chargés de réprimer les contraventions, et les préfets d'assurer par tous les moyens de droit, l'exécution des décisions des conseils de préfecture (1).

(1) Loi du 17 juillet 1819 et ord. du 1er août 1821.

## IV.

### DES OPPOSITIONS.

21 L'opposition ne doit jamais avoir lieu par l'emploi des voies de fait; peines encourues par ceux qui s'y livreraient.

22 L'opposition apportée à des fouilles doit-elle être considérée comme une opposition à la confection des travaux?

23 Comment l'opposition doit-elle être vaincue ou vidée? Tribunaux compétents pour prononcer sur la réparation dûe pour le dommage matériel causé par le fait de cette opposition.

**21.** Nous avons eu occasion d'examiner dans quels cas le propriétaire peut élever des oppositions aux fouilles et extractions, et nous ne saurions trop lui rappeler que ces oppositions ne doivent avoir lieu que par les voies légales; on doit demander justice aux tribunaux, jamais se la faire soi-même, car d'après notre droit, se faire justice soi-même, est déjà commettre une injustice; nous ne pouvons pas être juges et parties dans notre cause; ce sont là des axiomes qui, heureusement, sont considérés dans notre société comme des vérités qu'il est inutile de rappeler; le propriétaire qui, au lieu d'employer les moyens légaux, userait de voies de fait, ne pourrait que se compromettre gravement (1).

Ces voies de fait seraient surtout punissables alors que l'on voudrait empêcher des fouilles régulièrement autorisées. La cour de cassation, dans un cas pareil, a formellement jugé, le 3 mai 1834, au rapport de M. de Ricard et sur les conclusions de M. Parant, dans l'affaire Bertrand et consorts, que l'art. 438 du code pénal devait être appliqué contre ceux qui s'opposeraient par des voies de fait à la confection des travaux autorisés par le gouvernement, et que *quand bien même dans l'exécution des travaux on aurait dépassé la limite tracée par l'arrêté du préfet, cela ne pourrait légitimer les voies de fait.* Dans cette décision, il y a une sévérité qui n'est que de la justice et à laquelle on ne peut qu'applaudir.

Que lorsque les entrepreneurs et agents outre-passent les ordres qu'ils ont reçus et portent atteinte à la propriété, ils soient sévèrement poursuivis devant les tribunaux même correctionnels, nous applaudirons aux décisions qui les frapperont, mais quand les propriétaires lésés s'érigeront en juges et exécuteurs de leurs jugements

(1) Voy. *infrà*, n° 49, pour l'opposition faite par les propriétaires aux opérations locales que font les ingénieurs pour dresser les avant-projets.

et qu'ils donneront le déplorable scandale de s'opposer à l'exécution des travaux publics sur des
motifs qu'il n'appartient qu'aux tribunaux d'apprécier, et en se servant de moyens que la loi
ne les autorise jamais à employer et qu'elle con-
damne même, nous ne pouvons qu'approuver la
sévérité des juges de répression.

C'est quelque chose de déplorable que cette
opposition constante que la propriété privée sus-
cite sans cesse aux travaux publics, ces tracasseries incessantes qu'elle s'étudie à créer. On demande des canaux, des routes, des chemins, et
lorsqu'on les exécute, au lieu de les considérer
comme des sources de richesses et de prospérité
publiques, l'intérêt privé se présente, et dans son
avidité, ne les considère que comme des sources
d'indemnité. D'un autre côté, trop souvent vexés
par les propriétaires, les entrepreneurs et agents
se montrent quelquefois peu tolérants et usent
d'un pouvoir dont un des derniers artères du
corps administratif apporte un atôme chez eux
et alors naît une irritation qui, après avoir mis
tout son pouvoir à empêcher de faire, va quelquefois jusqu'à renverser.

Revenons de plus près à la question.

Lorsqu'on s'oppose à la confection de travaux
autorisés par le gouvernement au moyen de voies

5

de fait, il y a lieu à l'application de l'art. 438 du code pénal; c'est ce que nous venons d'établir d'après la cour de cassation.

Cet art. 438 serait applicable, lors même que l'opposition par voies de fait viendrait de la part d'un individu qui se prétendrait propriétaire du terrain où les travaux devraient être exécutés, tel qu'un gravier sec dépendant d'une rivière et dont la propriété serait contestée entre l'administration et le prévenu (1).

**22.** S'opposer par des voies de fait aux fouilles ou extractions de matériaux, est-ce s'opposer à la confection des travaux? Je ne crois point cette question tout à fait inutile, car cette distinction a été posée par l'arrêt de la cour de Toulouse du 10 mars 1834, si souvent cité.

Voilà comment est conçu le premier considérant de cet arrêt :

« Attendu que les poursuites dirigées contre.... sont basées sur la violation de l'art. 438 du code pénal, que les dispositions de cet article ne sont nullement applicables aux faits reprochés aux deux prévenus; qu'en effet, l'art. 438 punit les voies de fait par lesquelles on s'oppose aux travaux autorisés par le gouvernement, ce qui sup-

(1) Arrêt de cass. du 6 juillet 1844, Affaire Ballias.

pose que ce sont les travaux eux-mêmes dont on
arrête la confection, et que c'est sur les lieux
eux-mêmes où les travaux s'exécutent que le délit
est commis; qu'en supposant que l'obstacle pût
être opposé hors du lieu des travaux, tout au moins
faudrait-il qu'il fût tel qu'il y eût impossibilité de
continuer lesdits travaux; que dans l'espèce, les
deux prévenus n'ont fait que contester le droit
d'entrer sur leur propriété privée; que c'est sur leur
propriété privée et non sur la voie publique que
l'obstacle a eu lieu; que d'un autre côté, l'entrepreneur pouvait se transporter ailleurs pour prendre
le gravier nécessaire à la confection de la route;
qu'enfin, l'opposition du sieur L... n'ayant pas été
accompagnée de voies de fait, la contestation dé-
générait en simple action civile et ne pouvait être
la matière d'une poursuite correctionnelle. »

Il était d'autant plus facile à la cour de faire une
distinction suivant le lieu où les voies de fait avaient
été commises, que cela était indifférent pour juger
l'espèce qui lui était présentée, puisqu'il n'y avait
pas eu de voies de fait. Mais cette distinction si
inutilement posée ici est-elle réelle? Lorsque les
fouilles et extractions sont faites régulièrement
dans une propriété privée pour un travail public,
n'est-ce point là une partie de l'exécution du travail autorisé par le gouvernement? L'entrepre-

neur ne peut fouiller que là où l'arrêté du préfet et ses devis le lui permettent; si les devis l'autorisent à faire ces fouilles pour extraire des matériaux, c'est que ces matériaux sont indispensables pour la confection du travail public, et si en faisant ces extractions, l'entrepreneur ou l'agent est victime de voies de fait, pourquoi l'art. 438 ne serait-il pas applicable? Pourquoi établir des distinctions pour l'application de cet article, alors que ses termes généraux ne les autorisent point?

Quelle disposition pénale faudrait-il donc appliquer dans ce cas? On répond celle de l'art. 471, § 17 du code pénal, qui punit d'une amende de 1 à 5 fr. inclusivement, ceux qui auront contrevenu aux règlements légalement faits par l'autorité administrative, et ceux qui ne se seront pas conformés aux règlements ou arrêtés publiés par l'autorité municipale, en vertu des art. 3 et 4, tit. XI de la loi des 16—24 août 1790, et de l'art. 46, tit. I de la loi des 19 — 22 juillet 1791. Mais ce dernier article est trop précis pour ne pas voir que la loi n'a voulu atteindre par cette disposition que ceux qui ne se conforment pas aux arrêtés de police concernant la sûreté et la commodité du passage des rues par exemple, et autres arrêtés semblables concernant la police municipale, et il est certain que cet article ne saurait s'appliquer à un individu qui se serait livré à des voies de fait contre un entrepreneur ou un agent de l'administration, pour l'empêcher de faire des extractions nécessaires pour des travaux publics.

**23.** En cas d'opposition, c'est au préfet à la vaincre (1). L'autorité militaire doit prêter main forte lorsqu'elle en est légalement requise ; toutefois, si l'opposition est faite par des vois légales, qu'elle s'appuie sur des exceptions dont les tribunaux civils ou administratifs sont seuls juges ; dans ce cas, on doit suspendre les fouilles jusqu'à ce qu'il ait été statué. On comprend que s'il en était autrement, si nonobstant une opposition portée devant les tribunaux, l'entrepreneur et l'agent pouvaient continuer impunément leurs fouilles, il n'y aurait alors pour le propriétaire que la voie en dommages-intérêts ; et il arriverait que l'on s'emparerait à volonté des terrains, on les fouillerait arbitrairement sans se préoccuper de l'accomplissement d'aucune des formalités prescrites par la loi, sans que le propriétaire pût rappeler à l'exécution de ces formalités devant les tribunaux, car on n'obtiendrait le plus souvent l'arrêté ou le jugement qui pourraient valider l'opposition du propriétaire, que lorsque les fouilles seraient termi-

(1) Et non aux tribunaux administratifs ou judiciaires ; Foucart, *Droit administ* ; Proudhon, *Dom. public*, n° 310.

nées. D'ailleurs, s'il n'est pas permis au propriétaire de se faire justice à lui-même, l'administration aussi, lorsque l'opposition est portée devant les tribunaux administratifs ou judiciaires, ne doit point devancer leur jugement. Au surplus, ces difficultés devant être portées généralement devant les tribunaux administratifs, auprès desquels les administrateurs peuvent solliciter une prompte solution, ce retard ne pourra être préjudiciable aux travaux.

Si c'est un entrepreneur qui éprouve une opposition par voies de fait, comme il n'a point de caractère public, il doit se retirer devant un agent de l'administration ayant qualité pour verbaliser, et s'adresser au préfet, autorité compétente, qui avisera aux moyens de vaincre cette opposition.

Lorsque le fait de l'opposition obligeant l'entrepreneur à se retirer, cause des pertes de temps et des frais de déplacement d'ateliers, il est dû une réparation pour ce fait, mais les conseils de préfecture ne sont pas compétents pour l'arbitrer, parce que aucune loi ne leur confère le pouvoir de statuer sur des demandes en dommages-intérêts que les entrepreneurs de travaux publics peuvent avoir à intenter contre les propriétaires (1).

(1) Ord. 30 mai 1844, au rapport de M. Frémy, Ruel C. Goisier.

# V.

## DES INDEMNITÉS.

24 L'indemnité ne doit pas être préalable.
25 Nécessité de dresser contradictoirement un procès-verbal descriptif des lieux, avant de pratiquer des fouilles.
26 Bases à suivre pour le règlement de l'indemnité.
27 Ces bases changent lorsque les extractions sont faites dans des carrières en cours d'exploitation.
28 L'indemnité reçue sans réserves pour des fouilles faites pendant des années déterminées, rend non valable à demander des indemnités pour des fouilles faites les années antérieures.
29 L'acquéreur d'une propriété est obligé d'accepter les prix fixés entre son vendeur et l'administration, pour extraction de matériaux. — Quel est celui qui doit quittancer le prix, du vendeur ou de l'acquéreur ?
30 L'entrepreneur est tenu personnellement de payer les dommages qu'il occasionne, sans recours contre l'administration.—Cas dans lequel l'administration peut être tenue de payer les dommages causés par l'entrepreneur.
31 Le propriétaire chez lequel on fait des fouilles peut, à raison de l'indemnité qui lui revient, saisir-arrêter les à-comptes à payer à l'entrepreneur dans le cours de l'exécution des travaux.
32 Distinction pour fixer les cas où l'indemnité doit porter intérêt.


**24.** Comme nous ne pouvons admettre que l'on puisse contester le droit à une indemnité au propriétaire dont on a fouillé les terrains, la première question qui doit se présenter sous cette rubrique, est naturellement celle de savoir si l'indemnité doit être préalable.

En matière d'expropriation il n'y a aucun doute, l'indemnité doit être antérieure à l'occupation; ce point est reconnu et consacré par toutes les dispositions de lois rendues sur la matière ; c'est que lorsqu'on s'empare définitivement d'une propriété, il est facile de déterminer, avant la prise de possession, la valeur du terrain dont le propriétaire est entièrement et définitivement dépouillé.

Pour les fouilles et extractions de matériaux il n'en est pas de même, le dommage sera plus considérable et l'indemnité devra être plus forte, suivant que les extractions seront plus nombreuses et dureront plus longtemps, suivant le moyen qu'on emploiera pour les faire, suivant les précautions que l'on prendra, suivant la saison dans laquelle on les fera, suivant la partie du champ désigné où elles seront pratiquées ; toutes bases d'indemnité qu'il est bien difficile sinon impossible de poser avant les travaux, et comment régler une indemnité quand il est impossible de pouvoir établir les bases sur lesquelles elle doit reposer.

Aussi les auteurs ont-ils pensé qu'en ces ma-

tières le règlement et par suite le paiement de
l'indemnité ne devait point être préalable à l'exécution de l'arrêté du préfet (1); et c'est ainsi
que le gouvernement l'entend, puisque nous lisons dans la circulaire du ministre aux préfets
sur l'exécution de la loi du 21 mai 1836: « Vous
ne perdrez pas de vue qu'il est indispensable
qu'une première reconnaissance des terrains soit
faite par les experts avant l'ouverture des travaux que vous ordonnerez, c'est la seule manière
d'arriver à une équitable fixation de l'indemnité
lorsque les travaux seront terminés. »

Cette interprétation est d'ailleurs celle qu'ont
adoptée les tribunaux civils et administratifs;
nous disons les tribunaux civils. Ainsi l'arrêt si
souvent rappelé de la cour de Toulouse du 10
mars 1834, porte:

« Attendu, quant à la condition de l'indemnité préalable, que, si l'indemnité est de droit, *elle*

---

(1) MM. Dufour, *Traité général du droit administ.*, t. 1. n° 642 et
t. IV, n° 2860; de Caudaveine et Thery, *Traité de l'expropriation*, n°
575; Foucart, *Droit administ.*, t. II, p. 525, n° 566; de Cormenin,
v° *Trav. publ.*, notes; Herson, *Traité de l'expropriation*. — *Contrà*,
MM. Dumay et Garnier dans leurs *Traités sur les chemins vicinaux*.
Cependant ce dernier auteur admet des cas où il est impossible de régler une indemnité préalable; mais ce qu'il propose pour l'exception,
se présente si souvent, que cela doit être la règle. M. Serrigny dans
son *Traité sur le contentieux administratif*, n° 602, distingue, selon
nous à tort, d'après l'art. 48 de la loi du 16 septembre 1807, les travaux
exécutés par l'État de ceux exécutés par des concessionnaires, pour
résoudre la question de l'indemnité préalable.

*ne peut et ne doit pas être préalable*; qu'il faut d'abord écarter les dispositions de la loi du 7 juin 1833, puisque cette loi n'est relative qu'à la dépossession complète du terrain, tandis qu'il ne s'agit dans l'espèce que d'une dégradation momentanée et partielle du même terrain, dont le propriétaire n'est nullement exproprié; que dès lors il faut chercher dans d'autres dispositions de lois la solution de la question ; que si la loi de 1791 pouvait présenter à cet égard quelques doutes, celle du 28 pluviôse an VIII, dans sa disposition relative à la compétence du conseil de préfecture, lèverait toutes les difficultés ; — que des dispositions de l'article 4 on doit induire que le conseil de préfecture fixe l'indemnité pour les fouilles déjà faites et non à faire; que d'ailleurs, l'indemnité préalable serait le plus souvent impossible, puisque si l'on peut connaître d'avance la valeur des cailloux enlevés, on ne peut fixer les dommages causés par cet enlèvement, que lorsque l'enlèvement a eu lieu; que d'un autre côté, attendre la décision du conseil de préfecture, serait porter une entrave formelle à la réparation des routes, qui est quelquefois d'une nécessité indispensable pour la communication et toujours d'une très grande urgence.

« Attendu, etc......»

Le conseil d'État ayant eu à se prononcer sur la question dans l'affaire du sieur Grèban, capitaine du génie, a, par ordonnance du 20 juin 1839, rejeté la requête de M. Grèban et confirmé l'arrêté du conseil de préfecture du département d'Eure-et-Loire, du 26 mars 1838, jugeant que l'indemnité ne devait pas être préalable ; le conseil d'État se fonde sur ce que « en cas de travaux d'extraction pour la confection et l'entretien des routes, il ne s'opère pas une dépossession totale et partielle qui, aux termes de la loi, entraînerait une indemnité préalable. »

Il faut avouer que la loi du 28 septembre, 6 octobre 1791, tit. I, sect. I, art. I, et sect. VI, art. I, peut fournir un puissant argument aux partisans de l'indemnité préalable même pour fouilles et extractions de matériaux ; cependant en l'état de la force même des choses et de la loi du 28 pluviôse an VIII, les tribunaux civils et administratifs ont cru devoir adopter l'opinion contraire.

**25.** On comprend combien dès lors, avant de commencer les fouilles, il importe de faire dresser, le propriétaire présent ou dûment appelé, un procès-verbal descriptif des lieux, mentionnant dans tous ses détails, la nature des terrains à fouiller, leur nature de culture, l'essence, l'âge et le rapport des arbres, vignes, etc., qui s'y trouvent (1).

**26.** Voyons quelles bases on suit dans le règlement de l'indemnité, pour examiner ensuite qui doit la fixer en cas de désaccord entre le propriétaire et l'administration ou l'entrepreneur.

En règle générale, l'indemnité résultant des fouilles doit être réglée, non à raison de la valeur des matériaux extraits, mais des torts et dommages causés à la propriété en pratiquant les fouilles; l'article 55 de la loi du 16 septembre 1807, dispose formellement qu'il n'y a pas lieu à faire entrer dans l'estimation la valeur des matériaux extraits. Cette disposition de loi a été appliquée par les ordonnances du 21 juillet 1824 ( Bourdon ) et 20 juin 1839 ( Grèban ). D'après ces principes, le conseil d'État a même jugé, le 4 juillet 1838, dans l'affaire Imbert, que si une indemnité a été payée pour dommages causés par des fouilles à la superficie, il n'est pas dû d'indemnité pour une nouvelle excavation. Nous devons ajouter que cette jurisprudence n'est applicable que dans le cas où, en fesant cette nouvelle excavation, il n'a été causé aucun

(1) Voyez, sur la nécessité de ce procès-verbal, la circulaire ministérielle rapportée sous le numéro 24.

préjudice, tort ou dommage à la propriété, abstraction faite de la valeur des matériaux enlevés.

L'article 55 de la loi du 16 septembre 1807, dispose en outre : « les terrains occupés pour prendre des matériaux nécessaires aux routes et aux constructions publiques pourront être payés aux propriétaires comme s'ils eussent été pris pour la route même. »

D'après divers auteurs, l'administration trouve dans cet article la faculté d'acquérir la propriété des terrains fouillés, et si l'administration veut user de cette faculté, elle doit recourir aux formalités de l'expropriation (1). Nous ne croyons pas nous tromper en donnant aux dispositions de l'article 55 une tout autre signification.

L'article 55 de la loi de 1807, se trouve au milieu de dispositions relatives à la fixation des indemnités dues à la suite de l'exécution des travaux publics, et il n'a lui-même d'autre objet que celui d'établir les bases à suivre dans cette fixation, comme le prouve le deuxième paragraphe de cet article. D'ailleurs, la loi dit, les terrains occupés pour prendre des matériaux nécessaires aux routes et aux constructions publiques, *pourront être*

---

(1) De Caudaveine et Thery, n° 574; Foucart, édit. 1839, n° 368; Gand, *Traité de l'expropriation*, p. c. d'u., p., notes, n° 213; Serrigny, n° 600.

*payés comme s'ils eussent été pris* pour la route elle-même ; c'est-à-dire, que si l'on a donné au propriétaire du sol où on établit la route 4o centimes par mètre carré de son terrain, on peut offrir et payer au propriétaire dont on a fouillé les terrains 4o centimes par mètre carré du sol fouillé ; la loi ne fait pas une obligation de donner une indemnité égale, mais elle dit que l'indemnité *pourra* s'élever à un taux égal pour les terrains pris et pour les terrains fouillés. Objectera-t-on que ce serait là une injustice? Nous ne le pensons pas, et en voici la raison; si on se contentait de ramasser des cailloux, indubitablement il serait injuste d'allouer par mètres carrés des lieux où les enlèvements ont été pratiqués, le même prix que celui alloué pour les terrains occupés par l'établissement des travaux ; mais lorsque le caractère des fouilles est tel que la partie végétale est enlevée et que l'on laisse à nu le sol inférieur composé de rocs, n'est-il pas juste que le propriétaire, dont on a modifié la propriété au point de la rendre nécessairement improductive, puisse demander le prix des terrains ainsi fouillés sur les bases d'une dépossession, lorsque d'ailleurs, ces fouilles, outre les pertes matérielles qu'elles font éprouver dans les parties fouillées, dégradent la propriété et empêchent ou du moins modifient la culture aux abords mêmes des lieux où elles ont été faites.

Ce qui nous confirme dans l'interprétation que nous donnons de l'article 55 de la loi de 1807 et nous fait repousser celle qui aboutirait à donner à l'administration le pouvoir de s'imposer comme propriétaire d'une enclave dans un champ voisin du lieu où s'exécutent les travaux publics, ce sont encore les motifs de la loi de 1807; l'orateur du gouvernement disait: « Les lois de 1791 et du 28 pluviôse an VIII, offraient des dispositions contradictoires, il a paru juste de tenir compte de la valeur des matériaux aux propriétaires de carrières en exploitation, et dans les autres cas de réserver à l'administration publique *la faculté de regarder les terrains fouillés comme s'ils eussent été pris pour la route même et de les payer en conséquence et à raison du temps que durera l'occupation.* »

En l'état de ce commentaire donné par le législateur et du texte même de l'article 55, ne devons-nous pas persister avec une entière confiance dans notre opinion et croire que le législateur de 1807 a voulu indiquer une base pour fixer l'indemnité et nullement attribuer à l'administration le droit d'exproprier ou l'obligation d'acquérir forcément les terrains où des fouilles auront été faites ou devront être pratiquées.

**27.** Nous avons dit qu'en règle générale l'indemnité pour fouilles doit être payée non à raison de la valeur des matériaux extraits, mais des dégâts et dommages causés aux propriétés fouillées, abstraction faite des matériaux extraits.

Cette règle reçoit une exception dans le cas où l'on use d'une carrière déjà en exploitation, car alors on doit prendre en considération la valeur des matériaux extraits (1).

Mais que doit-on entendre par carrières en exploitation ?

Un décret du 6 septembre 1813 ( Lasalle ), porte que « l'on ne peut réputer carrière en exploitation que celle qui offre au propriétaire un revenu assuré, soit qu'il l'exploite régulièrement par lui-même et pour ses besoins, soit qu'il en fasse un objet de commerce, en l'exploitant régulièrement par lui-même ou par autrui. »

C'était là une jurisprudence bien sévère, et de nos jours le conseil d'État, interprêtant d'une manière plus bienveillante et plus équitable la loi de 1807, exige bien que la carrière soit ex-

(1) Art. 55, loi de 1807.

ploitée avant l'extraction, mais il n'exige plus que l'exploitation soit régulière et actuelle, c'est ce qu'ont jugé entre autres ordonnances, celles des 13 juillet 1825 ( d'Arthel ), 1er mars 1826 (Gallichet), 12 août 1829 ( Boirot ), 29 juin 1832 ( Jouard ), 24 octobre 1834 ( Tarbé des Sablons), 7 juin 1836 ( Brochet ), 27 avril 1838 ( Fargeot), 9 janvier 1839 ( Caillaux ), 15 juillet 1841 ( Ardenne et Menjoulet ), 30 novembre 1841 ( Mercier ) (1).

M. de Cormenin (2) observe avec raison : « Il en serait de même si les matériaux étaient extraits à quelque distance de l'ancienne exploitation, mais que celle-ci pût les atteindre, qu'ils fussent situés dans la même propriété, qu'ils appartinssent au prolongement du même banc et que la nature de la pierre fût semblable. »

La loi de 1807 étant formelle si les extractions de matériaux ont lieu dans les carrières déjà en exploitation, l'entrepreneur ne pourrait s'exonérer du paiement de l'indemnité sur le motif que la pierre serait sans valeur dans le pays, et qu'il n'y avait pas de prix porté pour cet objet dans son devis (3).

---

(1) *Sic* MM. de Cormenin, v° *Travaux publics*, notes ; Foucart, t. II, n° 365; Dufour, t. IV, n° 2858 ; Serrigny, n° 601.
(2) *Loc. cit.*, note 4; ord. 4 mai 1826, Tiolier; 9 janv. 1839, Caillaux.
(3) Ord. 4 juillet 1838 (Imbert).

Le prix des matériaux extraits de la carrière
doit être fixé au prix courant, abstraction faite
de l'existence et des besoins des travaux publics
auxquels ils sont destinés, car s'il ne faut pas
que ces travaux s'exécutent au détriment des
intérêts des propriétaires, il ne faut pas non plus
que le propriétaire puisse se prévaloir de ces
travaux pour tirer un profit excessif de sa chose
au détriment de l'État et de l'entrepreneur dont
les travaux, en lui assurant un débouché, font
déjà sa position meilleure (1).

Terminons en indiquant quelques cas qui se
sont présentés dans des positions particulières des
indemnitaires; les solutions que les tribunaux
ont données dans ces espèces pourront servir de
règles dans des espèces semblables.

**28.** Le sieur Morin, sur le motif que les infiltrations des eaux du canal de Bourgogne lui
avaient causé des dommages, avait reçu une indemnité pour pertes éprouvées en 1809 et 1810,
sans réserve aucune; plus tard, ayant intenté
une action devant le conseil de préfecture pour
dommages éprouvés pendant les années antérieures, il fut déclaré non recevable dans sa
nouvelle demande par ordonnance du 20 juillet

(1) Ord. 1er mars 1826, Gallichet ; 4 mai 1826, Tiolier.

1836; cette jurisprudence est très juste, elle est fondée sur cette considération, que lorsque des fouilles ont lieu pendant plusieurs années et que le propriétaire ne demande une indemnité que pour la dernière, il ne manque jamais, pour en motiver le chiffre, de se rapporter aux dommages éprouvés les années antérieures, et cela a surtout lieu s'il ne fait pas de réserves pour les dommages éprouvés pendant ces années; il serait donc injuste qu'il pût plus tard réclamer une nouvelle indemnité pour des dommages qui seraient entrés en considération dans la fixation de l'indemnité qui lui aurait été allouée. Dans le cas où le propriétaire, lors de la première demande, n'aurait point fait valoir les dommages éprouvés pendant les années antérieures, il serait censé avoir tacitement renoncé à exercer une action quant à ce.

**29.** Si l'administration ou l'entrepreneur parviennent à s'entendre avec le propriétaire sur les bases de l'indemnité, et que postérieurement le propriétaire vende, l'acquéreur étant aux droits actifs et passifs du vendeur, est obligé d'accepter les bases et les prix déjà fixés (1).

D'un autre côté, lorsque les vendeurs ne font

(1) Ord. 28 juin 1857 (Papault); voy. cependant ord. **21** juillet 1824 (Bourdon).

aucune réserve, les acquéreurs ayant tous les droits mobiliers et immobiliers attachés aux propriétés vendues, dans le cas où il est dû une indemnité à raison de dommages occasionnés par les travaux publics, qui se sont prolongés postérieurement à l'acquisition, cette indemnité doit être payée à l'acquéreur de la propriété (1).

Mais s'il s'agissait d'indemnités pour pertes de récoltes occasionnées par des fouilles terminées avant l'acquisition, le droit de réclamer et toucher l'indemnité appartiendrait au vendeur qui, seul, aurait souffert, à moins qu'il n'eût fait une cession de ses droits à l'acquéreur (2).

**30.** C'est à l'entrepreneur qu'incombe l'obligation de dédommager les propriétaires à raison des fouilles et extractions de matériaux, et de payer, sans recours contre l'administration, la réparation de tous les dommages qu'il peut occasionner par la prise, le transport ou le dépôt des matériaux (3). Il ne doit même être entièrement soldé par l'administration et recevoir d'elle le montant de la retenue pour garantie insérée dans le cahier des charges, qu'après avoir justifié par des quittances en forme qu'il

(1) Ord. 20 nov. 1840 (Maillart).
(2) Anal., ord. 30 juin 1843 (de Brouquens).
(3) Ord. 20 janvier 1839 (Caillaux) ; 30 juin 1839 (minist. des trav. publics).

a payé les indemnités et dommages mis à sa charge (1).

Dans un cas où l'entrepreneur était devenu insolvable et où les dommages causés par l'extraction pouvaient être imputés en partie au défaut de surveillance de l'administration, une ordonnance juge que l'État peut être condamné à la réparation des dommages causés par cet entrepreneur (2). C'est au conseil de préfecture à statuer tant sur le montant de l'idemnité que sur la demande en garantie (3).

**31.** En exécution du décret du 26 pluviôse an II, sur le motif que les créanciers particuliers d'un entrepreneur de travaux publics ne peuvent, pendant que ces travaux sont en cours d'exécution, saisir-arrêter les à-comptes qui peuvent être donnés par l'État, et que leurs droits ne peuvent s'exercer, même par des actes conservatoires, qu'après la réception des ouvrages, la cour royale de Poitiers, par arrêt du 28 février 1837, a repoussé la demande d'un créancier saisissant, qui voulait s'opposer au paiement des à-comptes donnés par l'État à un entrepreneur de travaux en cours d'exécution.

(1) Règlement de 1833, art. 9.
(2) Ord. 27 mai 1839 (Meriet).
(3) Même ordonnance.

Toutefois, d'après l'article 3 du décret du 26 pluviôse an II, cette prohibition de saisir-arrêter, reçoit une exception quant aux salaires des ouvriers employés par l'entrepreneur et aux fournitures faites pour les travaux ; il nous paraît de toute justice que cette exception profite au propriétaire dont on a forcément employé les matériaux pour l'exécution des travaux publics; il y a trop d'équité en cela pour qu'on puisse chercher avec fruit, par des subtilités de droit, à l'en priver, lorsque d'ailleurs sa chose a été une véritable fourniture employée aux travaux, bien que l'indemnité pour les fouilles ne soit point allouée (à l'exception des carrières en exploitation) pour les matériaux extraits, mais seulement pour les dommages causés.

On peut d'ailleurs invoquer à l'appui de l'opinion que nous soutenons, l'article 9 du règlement de 1833, dont nous rappelions tantôt la disposition (1).

**32.** Une ordonnance du 25 avril 1839, rendue dans l'affaire Chauvet contre la ville de Paris, au rapport de M. Bouchenè-Lefer, fait au sujet des intérêts une distinction qui est de la plus grande justice et que l'on doit admettre. S'agit-

(1) Voy. ci-dessus, fin du n° 30.

il de détérioration du fonds, de dommage permanent, de dépossession ? les intérêts doivent courir du jour de cette dépossession, de ce dommage, de cette détérioration ; s'agit-il, au contraire, d'une simple privation de récolte ? les intérêts ne pourront être dus du moment où les travaux ont commencé et ont occasionné la perte des récoltes. Et en effet, lorsqu'un individu est privé du fonds, il perd d'abord la valeur de ce fonds, plus les fruits qu'il lui produisait ; pour que l'indemnité soit juste, il faut donc qu'elle se compose d'une somme représentant cette double perte, c'est-à-dire la valeur foncière, plus les intérêts ; cette double privation du fonds et des fruits a commencé du jour de l'occupation, ces intérêts devront courir dès ce jour.

Si sans prise de possession il a été causé des détériorations, il faut également payer la somme due pour cette détérioration, plus les fruits qu'on a empêchés de tirer de la chose détériorée, soit les intérêts de la somme allouée pour la détérioration à partir du jour où cette détérioration a eu lieu (1).

Mais, si au lieu de dommages portés au fonds,

(1) Ord. 31 déc. 1828 (Bajot).

il ne s'agit que de dommages portés aux récoltes, si l'on a seulement privé le propriétaire des revenus et que pour ces dommages il soit alloué une indemnité, la somme allouée ne saurait porter intérêt du jour où les dommages ont été causés. En effet, privé seulement des fruits, on vous alloue une somme pour les remplacer; demander les intérêts de cette somme du jour où les dommages ont commencé, ce serait demander les revenus des revenus, ou soit les intérêts des intérêts, ce que nos lois n'autorisent point les tribunaux à accorder.

Ainsi pour les sommes allouées pour privation de fruits et récoltes, l'intérêt ne doit point courir de l'époque où les dommages ont commencé, mais seulement du jour de la demande, comme cela est de règle en matière civile (1).

Rien de plus facile que l'application de ces principes en matière de fouilles et extractions de matériaux.

Il est à observer plus particulièrement qu'à l'occasion des sommes dues pour matériaux extraits de carrières en cours d'exploitation, on ne

_____

(1) D'après l'ord. du 21 juillet 1824 (Bourdon): « Les intérêts de l'indemnité doivent courir à dater de la clôture du dernier procès-verbal d'expertise. » On ne trouve pas quel est le motif de cette décision. Dans tous les cas, les intérêts courent jusqu'au jour du paiement. Ord. 21 juillet 1824 (Bourdon); 20 juillet 1836 (Klein).

peut faire remonter les intérêts au jour où cette extraction a commencé, car les pierres extraites doivent être considérées comme les fruits ou au moins les produits, les revenus de la propriété dans laquelle se trouve la carrière exploitée.

En allouant l'indemnité due pour les dommages, privation de jouissance et moins-value, le remboursement des contributions ne doit pas être ordonné, car il ferait double emploi (1).

(1) Ord. 21 juillet 1824, Bourdon.

## VI.

PRESCRIPTION.

33 Prescription de l'indemnité due pour des fouilles pratiquées à l'occasion des chemins vicinaux.
34 La prescription de deux ans court-elle, soit pour couvrir l'action du propriétaire en règlement d'indemnité, soit pour couvrir l'action en paiement de l'indemnité une fois réglée ?
35 Prescription de l'indemnité lorsqu'il ne s'agit pas de fouilles faites à l'occasion des chemins vicinaux.


**33.** L'article 18 de la loi du 21 mai 1836, sur les chemins vicinaux est ainsi conçu :

« L'action en indemnité des propriétaires pour les terrains qui auront servi à la confection des chemins vicinaux et pour extraction de matériaux sera prescrite par le laps de deux ans. »

D'après ce que nous avons dit plus haut, l'indemnité devant être réglée à la fin des extractions, cette prescription n'est acquise qu'à l'expiration des deux ans courus depuis le moment où l'extraction a cessé, et comme le plus souvent il sera bien difficile de déterminer cette époque, qu'au contraire, il sera beaucoup plus facile de

déterminer celle où les travaux pour lesquels
ces extractions ont eu lieu, ont été terminés,
il faudra se rapporter à cette dernière époque
pour faire courir la prescription lorsqu'il sera
impossible de fixer d'une manière précise l'é-
poque où les fouilles ont cessé. D'ailleurs, le
propriétaire, tant que les travaux ne sont pas
achevés, peut bien, sur la croyance que les extractions pourront continuer quoiqu'elles aient
été interrompues, ne pas se plaindre, sans qu'on
puisse tirer de son silence la présomption qu'il
a renoncé à une indemnité et qu'on puisse repousser plus tard son action en alléguant une
renonciation tacite (1).

Cette disposition de la loi du 21 mai 1836,
qui n'était point dans ce projet du gouvernement,
a été motivée par le peu d'importance, en général, de l'indemnité, et la nécessité de mettre
les communes à l'abri de réclamations tardives
pour lesquelles les bases d'appréciation manqueraient.

(1) Voyez, sur la fixation du jour d'où cette prescription doit courir,
M. Garnier dans son *Supl.*, et M. Dumay sur l'art. 18 de la loi de 1836;
mais il est à observer que ces auteurs examinent la question d'une manière plus générale que nous. Ainsi, ils s'occupent également des terrains pris pour l'établissement des chemins, tandis que nous ne nous
occupons que des fouilles, et dans ce dernier cas, il est plus difficile
que dans le premier de préciser quand les opérations ont commencé
ou fini.

**84.** La prescription de deux ans court-elle pour éteindre l'action du propriétaire, soit en demande d'indemnité, soit en paiement de la somme une fois réglée? Quel que soit notre regret d'exprimer une opinion contraire à celle de M. Dumay (1), nous croyons que la prescription ne s'applique qu'à l'action en règlement d'indemnité.

Oui, il est vrai, comme le dit M. Dumay, que la loi ne distingue pas; mais la loi dit: *l'action en indemnité des propriétaires*; or, il nous semble que par là, on a voulu entendre l'action en règlement de l'indemnité; l'indemnité réglée, il ne s'agit plus que d'une créance pour laquelle on doit suivre les règles ordinaires quelle que soit l'origine de cette créance.

D'ailleurs, M. Dumay, en rappelant le but de cette disposition, nous dit lui-même, que la prescription de deux ans a été déterminée par la nécessité de mettre les communes à l'abri des réclamations tardives pour lesquelles les bases d'appréciation manqueraient; cette raison excellente, lorsqu'il s'agit du règlement de l'indemnité, est sans valeur ni signification lorsqu'il s'agit du paiement de l'indemnité réglée.

(1) Sur l'art. 18 de la loi de 1836, n° 2.

D'un autre côté, lorsque le propriétaire qui a vu pratiquer des fouilles, laisse passer deux ans sans se plaindre et sans réclamer d'indemnité, on peut conclure de son silence qu'il a volontairement et tacitement renoncé à son droit; mais cette présomption est-elle possible lorsque le propriétaire a poursuivi, soit judiciairement, soit amiablement le règlement de l'indemnité, et que cette indemnité réglée il est resté deux ans sans la toucher?

Ainsi, nous croyons que, soit d'après la lettre, soit d'après l'esprit de la loi, la prescription de deux ans s'applique à l'action en règlement d'indemnité et non à l'action en paiement de cette indemnité (1).

**35.** Tout ce que nous venons de dire s'applique aux fouilles et extractions de matériaux faites à l'occasion de la confection des chemins vicinaux. Quant aux fouilles faites à l'occasion des autres travaux, aucune loi, que je sache, ne fixe une prescription particulière et comme on ne peut étendre à des matières spéciales les règles établies pour d'autres matières spéciales, il faut tenir qu'il n'y a d'applicables que les règles

---

(3) *Sic* Garnier, *Traité des chemins vicinaux*, et Dufour, *Traité général du droit administratif.*

ordinaires sur les prescriptions. Le danger pour l'administration de se voir rechercher après un long silence pour des fouilles pratiquées par ses agents, sera moindre en fait qu'il paraît être d'abord. En effet, la première obligation pour celui qui demande une indemnité pour dommages est de prouver matériellement l'existence de ces dommages, et comme s'il reste plus de deux ans sans se plaindre la trace en aura disparu, et qu'il ne sera pas possible de les faire constater contradictoirement avec l'administration, le propriétaire, en fait, par son silence, se sera lui-même volontairement privé du droit de pouvoir utilement former sa demande en indemnité.

## VII.

### COMPÉTENCE.

**36.** Lorsque les fouilles et extractions ont lieu d'une manière illégale, les plaintes doivent être portées devant les tribunaux de répression, c'est ce que nous avons déjà établi; nous avons reconnu également que c'était à l'autorité administrative, en cas de désaccord, à statuer préalablement sur l'interprétation des devis, qu'ainsi c'était à elle à examiner si les fouilles avaient été faites particulièrement dans les lieux et les limites fixés par les actes administratifs ou en dehors

7

**37.** Lorsque les fouilles et extractions de matériaux ont été légalement faites, et qu'on n'aura pas pu s'entendre amiablement avec les propriétaires, quel sera le tribunal compétent pour opérer le règlement de l'indemnité?

Voici la législation en cette matière:

Loi des 16-24 août 1790, art. 13: « Les fonctions judiciaires sont distinctes et demeureront toujours séparées des fonctions administratives; les juges ne pourront, à peine de forfaiture, troubler, de quelque manière que ce soit, les opérations des corps administratifs, ni citer devant eux les administrateurs à raison de leurs fonctions. »

Décret des 6-7 septembre 1790, art. 4: « Les demandes et contestations sur le règlement des indemnités dues aux particuliers à raison des terrains pris ou fouillés pour la confection des chemins, canaux et autres ouvrages publics, seront portées de même, par voie de conciliation, devant le directoire du district, et pourront l'être ensuite au directoire du département, lequel les terminera en dernier ressort, conformément à l'estimation qui en sera faite par le juge de paix et ses assesseurs. »

Loi du 28 pluviôse an VIII, art. 4: « Les conseils de préfecture prononceront:..... sur les de-

mandes et contestations concernant les indemnités dues aux particuliers à raison des terrains
pris ou fouillés pour la confection des chemins,
canaux et autres ouvrages publics. »

Loi de 1807, art. 56: « Les experts pour l'é-
valuation des indemnités relatives à une occupation de terrain dans les cas prévus au présent titre, seront nommés, pour les objets de
travaux de grande voirie, l'un par le propriétaire, l'autre par le préfet, et le tiers-expert, s'il
en est besoin, sera de droit l'ingénieur en chef
du département. Lorsqu'il y aura des concessionnaires, un expert sera nommé par le propriétaire, un par le concessionnaire et le tiers-
expert par le préfet.

« Quant aux travaux des villes, un expert
sera nommé par le propriétaire, un par le maire
de la ville, ou de l'arrondissement pour Paris,
et le tiers-expert par le préfet. »

« Art. 57 : Le contrôleur et le directeur des
contributions donneront leur avis sur le procès-
verbal d'expertise qui sera soumis par le préfet
à la délibération du conseil de préfecture; le
préfet pourra, dans tous les cas, faire une nouvelle expertise. »

Code pénal, art. 127 : « Seront coupables de
forfaiture et punis de la dégradation civique :

1°......; 2° les juges, les procureurs généraux ou du roi, ou leurs substituts, les officiers de police judiciaire, qui auraient excédé leur pouvoir, en s'immisçant dans les matières attribuées aux autorités administratives, soit en fesant des règlements sur ces matières, soit au défendant d'exécuter les ordres émanés de l'administration, ou qui, ayant permis ou ordonné de citer les administrateurs pour raison de l'exercice de leurs fonctions, auraient persisté dans l'exécution de leurs jugements ou ordonnances, nonobstant l'annulation qui en aurait été prononcée ou le conflit qui leur aurait été notifié.

« Art. 128 : Les juges qui, sur la revendication formellement faite par l'autorité administrative d'une affaire portée devant eux, auront néanmoins procédé au jugement avant la décision de l'autorité supérieure, seraient punis chacun d'une amende de seize francs au moins et de cent cinquante francs au plus. Les officiers du ministère public qui auront fait des réquisitions ou donné des conclusions pour ledit jugement seront punis de la même peine (1)...! »

La loi de 1810, en reconnaissant au tribunaux civils seuls le droit de déposséder, a laissé

---

(1) Cet article, pour être sainement entendu et appliqué, doit être mis en regard de l'ordonnance du 1er juin 1828, sur les conflits.

aux conseils de préfecture le soin de juger le montant de l'indemnité due pour fouilles, torts et dommages temporaires.

Loi du 21 mai 1836, sur les chemins vicinaux, art. 11 : « Les extractions de matériaux, les dépôts ou enlèvements de terres, les occupations temporaires, seront autorisés par arrêté du préfet, lequel désignera les lieux....... Si l'indemnité ne peut être fixée à l'amiable, elle sera réglée par le conseil de préfecture, sur le rapport d'experts nommés, l'un par le sous-préfet et l'autre par le propriétaire; en cas de discord, le tiers-expert sera nommé par le conseil de préfecture. »

En l'état de ces dispositions de lois, on ne peut que répéter, après MM. Foucart, de Lalleau, Cotelle, Chauveau, de Cormenin, Dufour et tous les auteurs qui se sont occupés du droit administratif (1), que le règlement de l'indemnité

(1) Proudhon, dans son *Traité du domaine public*, n° 342 et suiv., examine longuement la question de savoir quelle est l'autorité compétente pour régler l'indemnité due pour fouilles ; il fait valoir avec force les raisons que l'on a données pour en désinvestir l'autorité administrative ; il ajoute, n° 345 : « Nonobstant tous ces raisonnements,
« nous croyons que c'est toujours par-devant le conseil de préfecture
« que l'on doit procéder en premier ressort, et, sauf recours au con-
« seil d'État, dans toutes les contestations qui ont pour objet les dé-
« gradations, fouilles et extractions de matériaux faites dans les fonds
« des particuliers pour la confection ou le service des routes ou autres
« ouvrages d'utilité publique. » Et après diverses observations où Proudhon démontre combien cela est juste et rationnel ; il ajoute :
« Mais ce n'est pas par de simples raisonnements, c'est plutôt par le
« texte même des lois que la question doit être décidée ; » et il prouve combien la loi est formelle à ce sujet.

pour fouilles et extractions de matériaux, lorsqu'il ne peut être fait amiablement, doit être
porté devant les tribunaux administratifs, c'est-
à-dire, devant les conseils de préfecture avec
le recours en conseil d'État.

Il y a un nombre infini de décrets et ordonnances rendus dans ce sens (1). Parmi les jugements émanés des tribunaux civils et qui ont
sanctionné cette doctrine, qu'il nous suffise de
citer les arrêts de cassation des 13 avril 1836,
affaire Godard; 1$^{er}$ août 1837, affaire Gilquin;
21 octobre 1841, affaire Pecollet:

« Considérant, porte l'arrêt Gilquin, que la
demande de Gilquin était dirigée contre Dagien,
en sa qualité d'entrepreneur des ponts et chaussées, que cette demande avait pour objet d'obtenir une indemnité à raison des fouilles et des

(1) Ord. des 12 mai (Mousseron) ; 6 sept. (Perrot) ; 6 déc. (Palerne);
et 23 déc. 1820 (maire de Sérée) ; — 22 janv. (Guidelleur); 19 mars
(Bordenave); 23 avril (Fourby); 25 juillet (Laussat); 6 août (Mergier);
3 sept. (Bethune); et 3 sept. 1823 (Loradoux); — 24 mars (Peyron);
et 23 juin 1824 (Pernel); — 3 mars (Berthe); 27 avril (de Fontanges);
13 juillet (Thiollière); et 19 oct. 1825 (Pelissier); — 16 fév. (Ragère);
7 juin (com. de Dennevy); 7 juin (métairie de Betré); 15 nov. (Allezard);
et 22 nov. 1826 (Reguis); — 31 janv. (Seytres de Caumont); 31 janvier
(de Fontanges); 28 fév. (Jeannez); 22 mars (Nibover); 2 mai (Goizet);
et 19 déc. 1827 (Duchon); — 30 janv. (Best); 15 avril (Berdoly); 15
avril (Guyotte); 25 avril (Lemor); 25 avril (Becquet); et 1$^{er}$ juin 1828
(Mayerloffen); — 1$^{er}$ juillet 1829 (Delaitre); — 15 sept. 1831 (préfet de
Seine-et-Marne); — 16 nov. 1832 (préfet du Doubs); — 24 oct. 1834
(Tarbé de Sablons); — 5 fév. 1835 (Berthier); — 4 avril 1837 (Devars);
— 28 nov. (de la Rivière); et 19 déc. 1839 (Besnard); — 4 sept. 1841
(Mairot); — 14 fév. (Perrot); et 22 avril 1842 (Tavena); — 24 fév. 1845
(Dezoteux).

extractions de pavés faites dans le bois du demandeur par Dagien, pour la confection des travaux publics dont il était chargé; que Dagien ne contestait ni le fait qui servait de base à la demande de Gilquin, ni le droit de celui-ci à une indemnité, et qu'il ne s'agissait au fond, que de fixer le montant de l'indemnité réclamée; que d'après ces faits constatés par l'arrêt attaqué, la cour royale de Paris, en décidant que le règlement de l'indemnité était dans les attributions de l'autorité administrative, et par suite en se déclarant incompétente, a fait une application littérale de la loi du 28 pluviôse an VIII, art. 4, aux termes duquel le conseil de préfecture doit prononcer sur les réclamations des particuliers qui se plaindront de torts et dommages procédant du fait personnel des entrepreneurs.........; et sur les demandes et contestations concernant les indemnités dues aux particuliers à raison des terrains pris ou fouillés pour la confection des chemins, canaux et autres ouvrages publics. »

L'arrêt du 21 octobre 1841 n'est pas moins explicite : « Attendu que le n° 13 de l'art. 471 du code pénal, n'est relatif qu'aux particuliers qui passent sur le terrain d'autrui, préparé et ensemencé, et n'est pas applicable aux travaux publics, dont les entrepreneurs sont autorisés, moyennant indemnité, à fouiller le terrain d'autrui pour l'extraction des matériaux nécessaires à l'entretien des routes ; — que l'arrêt du conseil du 7 septembre 1755, la loi du 11 septembre 1790, tit. XIV, art. 3, 4 et 5, et la loi du 6 octobre 1791, sect. 6, art. 1er, qui consacrent le droit de l'État et le fondent sur l'utilité publique, ne font aucune distinction quant à la faculté d'extraction entre les terres ensemencées et celles qui ne le sont pas ; que cette circonstance ne peut donc influer que sur le taux de l'indemnité; attendu, en second lieu, que la loi du 28 pluviôse an VIII, par son art. 4, § 5, attribue compétence aux conseils de préfecture sur les demandes et contestations concernant les indemnités dues aux particuliers à raison des terrains pris ou fouillés pour la confection des chemins, canaux et autres ouvrages publics; que les tribunaux civils et les tribunaux de répression ne sont donc compétents qu'autant qu'il s'agirait de terrains pris ou fouillés en dehors des marchés consentis par l'administration ; que, d'après les principes de la séparation des pouvoirs, il n'appartient pas aux tribunaux de connaître des actes de l'administration.

« Et attendu, etc........ »

On avait voulu élever des doutes sur la compétence administrative, alors que les fouilles, au lieu d'être faites par les entrepreneurs, étaient faites par les agents directs de l'administration. Nous ne nous étendrons pas sur cette difficulté que nous examinons dans un paragraphe spécial de la 3ᵉ partie de ces études; qu'il nous suffise de conclure, en anticipant sur les observations qui seront faites, que ce doute, né d'une rédaction peut-être vicieuse de l'art. 4 de la loi de pluviôse an VIII, n'est point fondé, et que la compétence est administrative, que les fouilles soient faites par les entrepreneurs ou les agents de l'administration.

**38.** Si en fouillant un terrain où l'on aurait le droit de s'introduire, on causait un dommage à une propriété voisine, quel tribunal serait juge du règlement de l'indemnité due à ce voisin ? S'il s'agissait de simples dommages comme ils ont lieu à l'occasion de travaux publics, le règlement devrait en être fait par les tribunaux administratifs; mais nous ne pouvons entièrement adopter la doctrine que semble avoir suivie le conseil d'État, dans son ordonnance du 14 février 1842, rendue au rapport de M. Germain, dans l'affaire des hoirs Perrot; dans l'espèce telle qu'elle est rapportée par MM. de Villeneuve et Carette (1), la compagnie

(1) 1842, p. 284.

du canal de Givors aurait, en vertu d'une convention avec le sieur Dumont, ouvert dans la
propriété de ce dernier, une carrière pour en extraire la pierre nécessaire aux travaux du canal;
la compagnie n'aurait pas borné son exploitation
au terrain de M. Dumont, elle serait allé fouiller
jusque dans la propriété du sieur Perrot; ce dernier cite Dumont devant le tribunal civil, où
la compagnie déclare prendre le fait et cause de
Dumont et conclut à l'incompétence du tribunal,
le tribunal rejette le déclinatoire sur le motif que
les formalités préalables prescrites par la loi n'ont
pas été remplies, le conflit est élevé et confirmé
par l'ordonnance sus-relatée.

En l'état de ces faits, cette décision fait exception à la jurisprudence des tribunaux et du conseil d'État lui-même; car il a été jugé un grand
nombre de fois que les fouilles pratiquées hors
des lieux désignés par les devis et sans l'accomplissement d'aucune formalité préalable, constituent des voies de fait justiciables des tribunaux
civils et même des tribunaux de répression, et
que dans ce cas, l'indemnité ne doit point être
réglée par les tribunaux administratifs; or, il est
évident que l'autorisation reçue de Dumont par la
compagnie pour faire des fouilles chez lui, ne l'autorisait pas à en faire chez Perrot, et que celui-ci

ne devait point, lorsqu'il demandait la réparation du dommage causé en ces circonstances, être renvoyé devant les tribunaux administratifs.

**39.** Lorsque les fouilles sont pratiquées hors des lieux désignés dans les actes administratifs, en vertu de conventions particulières faites entre un entrepreneur de travaux et un particulier, s'il s'agit d'interpréter ces conventions, comme elles constituent des actes civils, cette interprétation est du ressort des tribunaux ordinaires.

C'est ce qui a été jugé par la cour de Caen, le 24 avril 1838, sur le plaidoyer de M. Trolley, et d'après les motifs suivants :

« Considérant, en droit, que si aux termes de l'art. 4 de la loi du 28 pluviôse an VIII, les conseils de préfecture sont compétents pour prononcer sur les dommages causés par les entrepreneurs de travaux publics, c'est seulement dans le cas où ces dommages proviennent de leur fait personnel indépendamment de toute convention ; mais que si les parties entendent se prévaloir de conventions privées, c'est alors aux tribunaux qu'il appartient de statuer sur la validité de ces conventions ;

« Considérant, en fait, qu'il s'agit dans l'espèce de prononcer sur la validité, les effets et l'exécution d'une convention que Fontaine, entrepreneur de travaux publics a faite avec Cotun, pour prendre dans la propriété de ce dernier les matériaux nécessaires à ces travaux; que par conséquent, les difficultés qui s'élèvent entre eux, à cet égard, sont de la compétence des tribunaux; infirme le jugement dont est appel, dit que l'autorité judiciaire est compétente. »

Il a été également jugé, en général, que c'était aux tribunaux civils à statuer sur la validité et l'exécution d'une convention intervenue entre un entrepreneur de travaux publics et un particulier, relativement aux dommages causés par ces extractions, par l'arrêt de la cour royale de Lyon, du 22 mars 1833, et par les ordonnances des 20 novembre 1815 (Rémond); 4 juin 1823 (Millon); 28 août 1827 (Prévost); et 30 janvier 1828 (Best).

D'où il suit que si la base de l'indemnité ou l'indemnité a été fixée dans la convention, le tribunal sera compétent pour statuer sur les difficultés que pourrait faire naître l'interprétation de la convention à cet égard.

La convention n'indiquant par exemple que l'autorisation de fouiller, la désignation des lieux où les fouilles seront faites, la manière dont les matériaux seront transportés, l'époque où le paiement aura lieu, sans indiquer les bases ni le montant de l'indemnité, tout ce qui sera relatif à l'interprétation de la convention devra être porté devant les tribunaux civils; mais le règlement de l'indemnité devra être fait par le conseil de préfecture, puisque rien dans l'acte civil ne concerne ce règlement, et que par suite en le faisant, les tribunaux, au lieu de se borner à interpréter l'acte et à statuer sur les clauses qui y seraient mentionnées, violeraient l'art. 4 de la loi de pluviôse an VIII, qui réserve aux conseils de préfecture le jugement des demandes et contestations concernant les indemnités dues aux particuliers à raison de terrains fouillés pour la confection des travaux publics.

Dans leurs conventions, les parties ne pourraient même pas réserver au tribunal civil le règlement de l'indemnité, parce que les juridictions sont d'ordre public en France; si elles avaient réglé le prix dans leurs accords et que des difficultés survinssent ensuite, comme ces difficultés porteraient non sur le règlement de l'indemnité précisément, mais sur l'interprétation des clauses d'un acte civil, ce serait aux tribunaux civils à statuer.

**46.** Quand il se présente des questions de propriété, il est oisif de dire que les tribunaux civils sont seuls compétents. Ainsi, supposons que Pierre se plaigne de ce que des fouilles ont été faites chez lui, tandis que l'entrepreneur ne pouvait fouiller

que dans la propriété du voisin Paul dont il
avait reçu l'autorisation, les fouilles ont été faites
sur un point dont Paul se prétend propriétaire,
mais Pierre en revendique la propriété; il est
évident que, avant de savoir si Pierre devra investir les tribunaux civils ou les tribunaux administratifs de sa demande, il devra faire juger
préalablement la question de propriété, et que les
tribunaux civils seront seuls juges de cette question (1).

(1) C'est là un point incontestable, reconnu par tous les auteurs, qui
n'a jamais été l'objet d'un doute. Le conseil d'État, lorsque l'occasion
s'est présentée, s'est empressé de se rapporter à ces principes pour
résoudre d'autres difficultés qui lui étaient soumises. Ainsi, les ord.
2 juillet 1820 (Comte), 27 avril 1825 (Bourdet), 14 oct. 1836 (Leballe),
et 23 juillet 1838 (Potier).

# DEUXIÈME PARTIE.

———

DE

# L'OCCUPATION TEMPORAIRE

# L'OCCUPATION TEMPORAIRE

---

## I.

### DE L'OCCUPATION TEMPORAIRE.

**41.** L'exécution des travaux publics donne souvent lieu à l'occupation momentanée de la propriété privée; nous avons étudié le cas où cette occupation a lieu pour extractions de matériaux

8

et fouilles; examinons rapidement ce qu'il en est de l'occupation temporaire, de ces établissements momentanés faits sur la propriété privée, par lesquels on ne s'approprie point définitivement cette propriété, mais on en prend possession pendant un certain temps, soit pour y déposer des décombres extraits des lieux où se font les travaux publics, soit pour y mettre des approvisionnements de matériaux destinés à ces mêmes travaux, soit pour y placer des habitations flottantes qui doivent momentanément servir d'abri et de demeure aux ouvriers, ou de magasins pour les outils et machines.

**42.** Et d'abord, l'occupation temporaire ne peut pas plus que les fouilles, nécessiter une expropriation pour cause d'utilité publique. Nous l'avons dit, l'expropriation pour cause d'utilité publique ne doit être prononcée que lorsqu'il y a mutation de propriété, dépossession définitive (1).

Il y a seulement quelques restrictions à faire à cette règle lorsqu'il s'agit de l'occupation temporaire des propriétés privées, nécessaires aux tra-

(1) Loi du 16 sept. 1807; discus. de la loi de 1810 au conseil d'État, Locré, t. IX, p. 697; et depuis, ord. des 1er nov. 1814, 10 fév. 1816, etc.; rapport de M. Martin du Nord, à la Chambre des Députés, sur la loi du 7 juillet 1833, *Moniteur* 10 février; MM. de Lalleau, éd. 1842, n° 41, Gand, de Caudaveine et Thery, Cotelle, de Cormenin, dans leurs ouvrages sur l'expropriation pour cause d'utilité publique, les travaux publics et le droit administratif.

vaux des fortifications, ce que nous indiquerons tantôt.

**43.** On ne pouvait laisser à l'arbitraire de l'entrepreneur d'établir ses dépôts où il jugerait convenable, sans avoir égard au respect dû à la propriété privée. Aussi, dans le cas où l'entrepreneur et les agents de l'administration n'ont pu s'entendre amiablement avec un propriétaire, ils doivent, pour occuper temporairement les terrains par des dépôts de matériaux, comme pour y fouiller, se pourvoir devant le préfet qui désignera les lieux, s'ils ne l'ont déjà été préalablement par un acte administratif.

C'est ce qu'a jugé le 12 octobre 1838 la cour royale de Paris, dans l'affaire Buard, contre la compagnie du chemin de fer de Versailles, rive gauche, par un arrêt ainsi conçu : « Considérant que l'art. 23 du cahier des charges annexé à la loi du 9 juillet 1836, et l'ordonnance du 24 mai 1837 qui autorise la confection du chemin de fer de Paris à Versailles, rive gauche, substituent la compagnie chargée de l'entreprise dudit chemin, pour l'extraction, le transport et le dépôt des matériaux, seulement dans les droits des entrepreneurs de travaux publics ; que ceux-ci, aux termes de l'arrêt du conseil du 7 septembre 1755 de la loi des 28 septembre et 6 octobre 1791 et des règlements sur la matière, ne peuvent extraire des matériaux *et en déposer que sur les terrains spécialement désignés par l'administration dans les devis ou par actes postérieurs,* et à la charge de mettre préalablement les propriétaires en demeure et en état de débattre ou consentir le prix du dédommagement ; que l'administration du chemin de fer s'est, le 27 juillet et dans la nuit du 6 au 7 août 1838, violemment et sans avertissement préalable, emparée d'un terrain clos, loué à Buard, non compris dans le jugement d'expropriation et dans les désignations de l'autorité administrative ; — que si les conseils de préfecture sont exclusivement compétents aux termes de la loi du 28 pluviôse an VIII et de celle du 16 septembre 1807, pour statuer sur les dommages-intérêts dus pour préjudices causés par des extractions et dépôts opérés régulièrement en conséquence d'actes administratifs dont ils doivent seuls fixer le sens et apprécier les conséquences, il appartient aux tribunaux ordinaires, sous la protection desquels est placée la propriété, de réprimer les actes illégaux qui ne se rattachent point à des actes administratifs.

« Confirme l'ordonnance de référé rendue par le président du tribunal de Versailles, ordonne en conséquence, que la compagnie du chemin de fer, remettra immédiatement Buard en possession de la partie de terrain par lui louée, non comprise dans le jugement d'expropriation, et que la compagnie prétend occuper temporairement, sauf à la compagnie à se pourvoir régulièrement pour obtenir l'autorisation d'occuper temporairement le terrain qui pourrait lui être nécessaire........ »

Ainsi préalablement à l'occupation temporaire, il faut : que les lieux aient été désignés par l'autorité compétente, et qu'un avertissement préalable ait été donné au propriétaire (1).

**44.** L'entrepreneur qui agit sans autorisation ou en dehors des limites tracées par les actes administratifs, est justiciable des tribunaux civils.

**45.** La prohibition établie par la loi de faire des dépôts à la distance de 500 toises des places de guerre, s'appliquant à toute espèce de dépôts (2), l'entrepreneur ou l'agent de l'administration doit se prémunir de l'autorisation du propriétaire des terrains, et en outre, de celle du chef du génie.

**46.** Quant à la question de savoir si l'indemnité doit être préalable, nous renvoyons à ce sujet à ce

(1) En se fondant sur l'ord. du 30 juillet 1840 (Jeannolle), M. Serrigny, n° 394, prétend que l'entrepreneur n'a point à justifier d'une désignation de l'autorité ; nous croyons cependant, au bénéfice des considérations que nous avons rappelées, devoir persister dans notre opinion à laquelle l'arrêt de la cour de Paris et l'arrêt de cass. du 3 août 1857 (Grevin), donnent, d'ailleurs, l'appui de leur autorité.
(2) M. de Lalleau, n° 219 et suiv., du *Traité des Servitudes* établies pour la défense des places de guerre. Ord. des 10 juillet 1855 (ville de Sédan), 25 août 1855 (Mongrard), 15 nov. 1855 (Fisson), 6 avril 1855 (ministre de la guerre), 2 juillet 1855 (le même) et 20 décembre 1856.

que nous avons dit en matière de fouilles, les raisons et motifs sont les mêmes, la décision doit être
également négative.

Cependant, lorsqu'il sera possible de régler les
bases de l'indemnité d'avance, les entrepreneurs
devront autant que possible le faire, et l'indemnité
devra être payée à des distances plus ou moins
rapprochées, tous les six mois par exemple.

Avant d'établir les dépôts, il est urgent de faire
constater l'état des lieux d'une manière précise et
détaillée, en présence des intéressés, par un procès-
verbal ou rapport qui puisse servir de base plus
tard pour la fixation de l'indemnité. Dans le cas où
cette fixation ne pourrait avoir lieu amiablement,
elle devrait être portée devant les conseils de préfecture.

**47.** Les intérêts de l'indemnité allouée pour
occupation temporaire ne doivent point remonter
au jour où l'occupation a commencé comme on
semble le faire résulter d'une manière trop générale de l'ordonnance du 31 décembre 1828 ; l'indemnité étant accordée pour privation de jouissance, de fruits ou récoltes, allouer les intérêts de
cette somme serait payer les intérêts des intérêts.
Nous convenons qu'il en serait autrement dans
le cas par exemple où le propriétaire, consentant
à ce que des déblais déposés chez lui dussent y

rentrer définitivement, demanderait une indemnité pour la détérioration seulement qu'ils occa-
sionneraient à sa propriété ; dans ce cas, l'indemnité n'étant que la représentation de cette détérioration et non celle de la perte des récoltes, le
propriétaire serait fondé à demander les intérêts
de cette somme du jour où l'occupation aurait
commencé et non du jour de la demande seulement; mais il faut avouer que ce cas se présen-
tera très rarement. En effet, lorsqu'un propriétaire
demande une indemnité devant le conseil de préfecture, il a toujours soin de former un faisceau
aussi nombreux que possible de causes et de motifs pour légitimer les chiffres quelquefois très
élevés qu'il pose, et nous ne croyons pas qu'il né-
glige de comprendre dans les moyens d'indemnité,
outre les détériorations foncières, la privation
de jouissance, fruits, récoltes, etc. Dès lors, on
peut dire que les sommes allouées par le conseil
de préfecture pour indemnités relatives à l'occupation temporaire des terrains, ne devront point
porter intérêt du jour de l'occupation.

48. D'après tout ce que nous venons de dire,
on comprend que nous considérons les conseils
de préfecture, comme seuls compétents pour régler le chiffre de l'indemnité due pour ces dommages ; c'est qu'en effet, cela résulte de la loi de

pluviôse an VIII, des principes que nous avons exposés sur la séparation des autorités judiciaire et administrative, en matière de travaux publics et de la jurisprudence du conseil d'État et des tribunaux (1).

Nous ne parlons ici que de l'occupation temporaire pour cause d'utilité publique des terrains appartenant à des particuliers; dès lors, nous n'avons pas à nous expliquer sur les règles de compétence à suivre, lorsqu'il s'agit de fixer l'indemnité due pour occupation d'édifices ensuite de mesure de police administrative, de réquisition, etc.

**49.** On peut en quelque sorte assimiler à une occupation temporaire l'introduction des agents de l'administration dans les propriétés privées pour y faire les opérations de nivellement et les tracés indispensables pour remplir les formalités préalables prescrites par la loi du 3 mai 1841, sur l'expropriation pour cause d'utilité publique; il est impossible que la loi, exigeant l'exécution de ces travaux, les propriétaires puissent être fondés à s'y opposer.

Voici rapidement les principes à observer et la marche à suivre en pareille occurrence.

(1) Voy. les ord. et décisions judiciaires citées par M. de Cormenin dans son *Traité du droit admin.*, et les ouvrages de MM. Tarbé de Vauxclairs, Macarel, Cotelle, de Lalleau, etc.

Il est impossible que les travaux préparatoires et d'étude soient autorisés avec la solennité de la déclaration d'utilité publique, puisqu'ils doivent précéder cette déclaration.

C'est ce qui a été jugé depuis longtemps (le 4 mars 1825), par la cour de cassation, chambre criminelle, sur les conclusions de M. de Vatismenil, sur les motifs suivants :

« Attendu qu'il faut distinguer entre la déclaration d'utilité publique exigée par la loi du 8 mars 1810, qui ne peut émaner que du gouvernement, et la confection de travaux préparatoires autorisés par l'administration et destinés à l'éclairer sur la nécessité de cette déclaration ;

« Que si la déclaration d'utilité publique doit toujours intervenir dans la forme d'une ordonnance royale (1), il ne s'ensuit pas que les travaux préparatoires et d'étude doivent être autorisés avec la même solennité ; que le contraire résulte même de la différence qui existe entre les résultats de ces travaux et ceux de la déclaration d'utilité publique ;

« Qu'en effet, la déclaration d'utilité publique entraîne nécessairement l'expropriation des terrains auxquels elle s'applique ; tandis que les tra-

_____

(1) Aujourd'hui dans certains cas d'une loi, depuis les lois de 1833 et 1841 sur l'expropriation pour cause d'utilité publique.

vaux dont il s'agit ne portent aucune atteinte aux droits de propriété; qu'il s'ensuit de là que les agents de la direction générale des ponts et chaussées sont suffisamment autorisés à s'y livrer, lorsqu'ils sont munis des ordres de leurs supérieurs et de l'autorité administrative compétente, sauf la réparation et l'indemnité des torts et dommages que ces travaux pourraient causer, et à la charge, par lesdits agents de la direction générale, de justifier de leur qualité et de leur mission aux propriétaires des terrains sur lesquels ils s'exécutent; que toute opposition par voies de fait, à des opérations de cette nature entreprises par des ingénieurs des ponts et chaussées, dûment autorisés par le préfet du département, serait passible des peines déterminées dans l'art. 438 du code pénal.

« Mais que, dans l'espèce, etc. . . . . »

Ainsi, d'après la cour de cassation :

1° Il n'est pas besoin de déclaration préalable d'utilité publique, pour que les travaux d'étude puissent être faits ;

2° Il suffit que les agents des ponts et chaussées soient munis des ordres de leurs supérieurs et des autorisations de l'autorité compétente, soit du préfet ;

3° Que ces agents justifient de leur qualité et de leur mission aux propriétaires des terrains sur lesquels ils font les études.

Pour éviter toute opposition de la part des propriétaires, il est convenable qu'ils soient avertis officiellement de l'introduction prochaine des agents de l'administration dans leurs propriétés pour y faire les études, par une publication faite dans la commune par les ordres du maire en la forme ordinaire (1).

L'opposition des propriétaires par voies de fait, à des opérations de cette nature, faites par des agents des ponts et chaussées et autorisées par le préfet, les rend passibles des peines portées dans l'article 438 du code pénal ainsi conçu : « Quiconque, par des voies de fait, se sera opposé à la confection de travaux autorisés par le gouvernement, sera puni d'un emprisonnement de 3 mois à 2 ans, et d'une amende qui ne pourra excéder le quart des dommages-intérêts ni être au-dessous de 16 fr. ; les moteurs subiront le maximum de la peine (2). »

Toutefois, dans le cas où de simples jalons pla-

---

(1) Dans un formulaire raisonné de la loi du 3 mai 1841, sur l'expropriation pour cause d'utilité publique qui, probablement ne sera jamais édité, j'avais cru devoir donner une formule de l'arrêté du préfet, autorisant les études, en indiquant que cet arrêté devrait être publié par le soin des maires des communes intéressées. C'est une marche sage et légale que je rappelle ici, parce que je crois qu'on ne doit pas s'en écarter.

(2) Ainsi jugé par l'arrêt de la cour de cas., chambre crim., du 4 mars 1825 ; *sic* les traités sur l'expropriation de MM. de Caudaveine et Théry, n° 26, de Lalleau, n° 78 et suiv., et 155, Gand, note 12.

cés sur la propriété auraient été arrachés, il n'y aurait pas lieu à l'application de l'art. 257 du même code, relatif à la dégradation des monuments et autres objets destinés à l'utilité publique (1).

Il est dû une indemnité pour les torts et dommages matériels causés lors des études préparatoires (2).

Mais les tribunaux civils ne sont pas compétents pour statuer sur la réparation de ces dommages, non plus que sur une demande en discontinuation des travaux d'étude (3). C'est devant les tribunaux administratifs qu'on doit se présenter pour obtenir le règlement de l'indemnité (4), et devant l'autorité administrative pour réclamer la cessation ou l'ajournement des travaux, à moins que ces travaux eussent été faits sans l'autorisation de l'administration (5).

(1) Même arrêt.
(2) Même arrêt.
(3) Ord. 17 oct. 1825 (Berthelot).
(4) Lyon, 31 mai 1855 ; ord. 20 mars 1828, et les observations de Macarel, p. 259. Voy. encore les *Traités sur l'expropriation*, de MM. Caudaveine, n° 27, de Lalleau, n° 79, Gand, note 12, Herson. n° 32.
(5) M. de Cormenin, *Droit adm.*, v° trav. publics.

## II.

DE L'OCCUPATION TEMPORAIRE, EN CAS D'URGENCE, DES PRO-
PRIÉTÉS PRIVÉES NÉCESSAIRES AUX TRAVAUX DES FORTI-
FICATIONS.

50  Texte de la loi du 30 mars 1841.

**50.** Une loi spéciale a établi des règles relatives à l'expropriation et à l'occupation temporaire, en cas d'urgence, des propriétés privées nécessaires aux travaux des fortifications. Comme
cette occupation est loin de présenter les caractères ordinaires de l'occupation temporaire qui a
lieu à l'occasion de l'exécution des travaux publics, et que son examen sort de notre cadre, nous
nous contenterons de rapporter ici le texte de
la loi.

*LOI du 30 mars 1831, relative à l'expropriation et à l'occu-
pation temporaire, en cas d'urgence, des propriétés privées
nécessaires aux travaux des fortifications.*

Art. 1er. Lorsqu'il y aura lieu d'occuper tout
ou partie d'une ou plusieurs propriétés particulières pour y faire des travaux de fortifications

dont l'urgence ne permettra pas d'accomplir les formalités, il sera procédé de la manière suivante.

Art. 2. L'ordonnance royale qui autorisera les travaux et déclarera l'utilité publique, déclarera en même temps qu'il y a urgence.

Art. 3. Dans les quatre-vingts heures de la réception de l'ordonnance du Roi, le préfet du département où les travaux de fortification devront être exécutés, transmettra ampliation de ladite ordonnance au procureur du Roi près le tribunal de l'arrondissement où seront situées les propriétés qu'il s'agira d'occuper, et au maire de la commune, de leur situation.

Sur le vu de cette ordonnance, le procureur du Roi requerra desuite, et le tribunal ordonnera immédiatement que l'un des juges se transporte sur les lieux avec un expert que le tribunal nommera d'office.

Le maire fera sans délai publier l'ordonnance royale par affiche, tant à la principale porte de l'église du lieu qu'à celle de la maison commune, et par tous autres moyens possibles. Les publications et affiches seront certifiées par ce magistrat.

Art. 4. Dans les vingt-quatre heures, le juge-commissaire rendra, pour fixer le jour et l'heure de sa descente sur les lieux, une ordonnance qui sera signifiée, à la requête du procureur du Roi, au maire de la commune où le transport devra s'effectuer, et à l'expert nommé par le tribunal.

Le transport devra s'effectuer dans les dix jours de cette ordonnance, et seulement huit jours après la signification dont il vient d'être parlé.

Le maire, sur les indications qui lui seront données par l'agent militaire chargé de la direction des travaux, convoquera, au moins cinq jours à l'avance, pour le jour et l'heure indiqués par le juge-commissaire :

1° Les propriétaires intéressés et s'ils ne résident pas sur les lieux, leurs agents, mandataires ou ayant-cause ;

2° Les usufruitiers et autres personnes intéressées, telles que fermiers, locataires ou occupants à quelque titre que ce soit.

Les personnes ainsi convoquées, pourront se faire assister par un expert ou arpenteur.

Art. 5. Un agent de l'administration des domaines et un expert ingénieur, architecte ou arpenteur, désignés l'un et l'autre par le préfet, se transporteront sur les lieux au jour et à l'heure indiqués pour se réunir au juge-commissaire, au maire ou à l'adjoint, à l'agent militaire et à l'expert désigné par le tribunal.

Le juge-commissaire recevra le serment préalable des experts sur les lieux, et il en sera fait mention au procès-verbal.

L'agent militaire déterminera, en présence de tous, par des pieux et piquets, le périmètre du terrain dont l'exécution des travaux nécessitera l'expropriation

Art. 6. Cette opération terminée, l'expert désigné par le préfet procèdera immédiatement et sans interruption, de concert avec l'agent de l'administration du domaine, à la levée du plan parcellaire, pour indiquer dans le plan général de circonscription, les limites et la superficie des propriétés particulières.

Art. 7. L'expert nommé par le tribunal dressera un procès-verbal qui comprendra : 1° la désignation des lieux, des cultures, des plantations, clôtures, bâtiments et autres accessoires des fonds: cet état descriptif devra être assez détaillé pour servir de base à l'appréciation de la valeur foncière, et en cas de besoin, de la valeur locative, ainsi que des dommages et intérêts résultant des changements ou dégâts qui pourront avoir lieu ultérieurement; 2° l'estimation de la valeur foncière et locative de chaque parcelle de ses dépendances, ainsi que de l'indemnité qui pourra être due pour frais de déménagement, pertes de récoltes, détérioration d'objets mobiliers, ou tous autres dommages.

Ces diverses opérations auront lieu contradictoirement avec l'agent de l'administration des domaines et l'expert nommé par le préfet, avec les parties intéressées si elles sont présentes, ou avec l'expert qu'elles auront désigné. Si elles sont absentes et qu'elles n'aient point nommé d'expert, ou si elles n'ont point le libre exercice de leurs droits, un expert sera désigné d'office par le juge-commissaire, pour les représenter.

Art. 8. L'expert nommé par le tribunal devra, dans son procès-verbal :

1° Indiquer la nature et la contenance de chaque propriété, la nature des constructions, l'usage auquel elles sont destinées, les motifs des évaluations diverses et le temps qu'il paraît nécessaire d'accorder aux occupants pour évacuer les lieux ; 2° transcrire l'avis de chacun des autres experts, et les observations et réquisitions, telles qu'elles lui seront faites, de l'agent militaire, du maire, de l'agent du domaine, et des parties intéressées ou de leurs représentants. Chacun signera ses dires, ou mention sera faite de la cause qui l'en empêche.

Art. 9. Lorsque les propriétaires ayant le libre exercice de leurs droits, consentiront à la cession qui leur sera demandée et aux conditions qui leur seront offertes par l'administration, il sera passé entre eux et le préfet un acte de vente qui sera rédigé dans la forme des actes d'administration, et dont la minute restera déposée aux archives de la préfecture.

Art. 10. Dans le cas contraire, sur le vu de la minute du procès-verbal dressé par l'expert, et de celui du juge-commissaire qui aura assisté à toutes les opérations, le tribunal, dans une audience tenue aussitôt après le retour de ce magistrat, déterminera, en procédant comme en matière sommaire, sans retard et sans frais :

1° L'indemnité de déménagement à payer aux détenteurs avant l'occupation ;

2° L'indemnité approximative et provisionnelle de dépossession qui devra être consignée, sauf règlement ultérieur et définitif, préalablement à la prise de possession.

Le même jugement autorisera le préfet à se mettre en possession, à la charge :

1° De payer sans délai l'indemnité de déménagement, soit au propriétaire, soit au locataire ;

2° de signifier avec le jugement l'acte de consignation de l'indemnité provisionnelle de dépossession.

Ledit jugement déterminera le délai dans lequel,

à compter de l'accomplissement de ces formalités, les détenteurs seront tenus d'abandonner les lieux.

Ce délai ne pourra excéder cinq jours pour les propriétés non bâties, et dix jours pour les propriétés bâties.

Le jugement sera exécutoire nonobstant appel ou opposition.

Art. 11. L'acceptation de l'indemnité approximative et provisionnelle de dépossession ne fera aucun préjudice à la fixation de l'indemnité dénitive.

Si l'indemnité provisionnelle n'excède pas 100 f. le paiement en sera effectué sans production d'un certificat d'affranchissement d'hypothèque et sans formalité de purge hypothécaire.

Si l'indemnité excède cette somme, le gouvernement fera, dans les trois mois de la date du jugement dont il est parlé dans l'article précédent, transcrire ledit jugement et purger les hypothèques légales. A l'expiration de ce délai, l'indemnité provisionnelle sera exigible de plein droit, lors même que les formalités ci-dessus n'auraient pas été remplies, à moins qu'il n'y ait des inscriptions ou des saisies-arrêts ou oppositions; dans ce cas, il sera procédé selon les règles ordinaires.

Art. 12. Aussitôt après la prise de possession, le tribunal procédera au règlement définitif de l'indemnité de dépossession dans les formes prescrites de la loi. Si l'indemnité définitive excède l'indemnité provisionnelle, cet excédant sera payé conformément à l'article précédent.

Art. 13. L'occupation temporaire prescrite par ordonnance royale, ne pourra avoir lieu que pour des propriétés non bâties.

L'indemnité annuelle, représentative de la valeur locative de ces propriétés et du dommage résultant du fait de la dépossession, sera réglée à l'amiable ou par autorité de justice, et payée par moitié de six mois en six mois au propriétaire et au fermier, le cas échéant.

Lors de la remise des terrains qui n'auront été occupés que temporairement, l'indemnité, due pour les détériorations causées par les travaux ou par la différence entre l'état des lieux au moment de la remise et l'état constaté par le procès-verbal descriptif, sera payée sur règlement amiable ou judiciaire, soit au propriétaire, soit au fermier ou exploitant et selon leurs droits respectifs.

Art. 14. Si dans le cours de la troisième année d'occupation provisoire, le propriétaire ou son ayant-droit n'est pas remis en possession, le propriétaire pourra exiger et l'État sera tenu de payer l'indemnité pour la cession de l'immeuble, qui deviendra dès lors propriété publique.

L'indemnité foncière sera réglée, non sur l'état de la propriété à cette époque, mais sur son état au moment de l'occupation, tel qu'il aura été constaté par le procès-verbal descriptif.

Tout dommage causé au fermier ou exploitant par cette dépossession définitive, lui sera payé après règlement amiable ou judiciaire.

Art. 15. Dans tous les cas où l'occupation provisoire ou définitive donnerait lieu à des travaux pour lesquels un crédit n'aurait pas été ouvert au budget de l'État, la dépense restera soumise à l'exécution de l'art. 152 de la loi *(de finances)* du 25 mars 1817.

—

# TROISIÈME PARTIE

# DOMMAGES DIVERS

CAUSÉS PAR

## L'EXÉCUTION DES TRAVAUX PUBLICS

AUX PROPRIÉTÉS

DONT LA CESSION N'EST PAS NÉCESSAIRE

POUR L'ÉTABLISSEMENT DE CES TRAVAUX.

# DOMMAGES DIVERS.

## I.

**DOMMAGES DIVERS CAUSÉS PAR L'EXÉCUTION DES TRAVAUX PUBLICS AUX PROPRIÉTÉS DONT LA CESSION N'EST PAS NÉCESSAIRE POUR L'ÉTABLISSEMENT DE CES TRAVAUX.**

**51.** Jusqu'ici nous nous sommes occupés des dommages qui résultent plus particulièrement des fouilles et des occupations temporaires, passons aux autres dommages en général. Et d'abord qu'on nous permette de rappeler brièvement, d'après Toullier, quelques principes qui pourront nous aider à reconnaître quels sont ceux dont la réparation est due :

« Les lois défendent en général tout usage de la propriété privée qui pourrait causer un dommage réel au public ou aux particuliers, et l'on entend par dommage toute perte ou diminution qu'on éprouve dans ses biens par la faute ou le fait d'autrui (1).

« Mais, ajoute Toullier (2), il faut que le dommage soit réel, la simple incommodité ou même le préjudice que pourraient occasionner au voisin les actes légitimes de propriété que je suis en droit de faire sur mon fonds, ne sont pas un motif suffisant pour gêner ma liberté dans l'exercice de ces actes et pour lui donner le droit de s'en plaindre, pourvu qu'ils ne soient pas dictés par l'envie de nuire à autrui sans aucune utilité pour moi : *Non debet habere actionem si non animo nocendi vicino sed suum agrum meliorem faciendi id fecit.* Leg. 1, § 12, ff., *de aquâ.*

« Or, l'envie de nuire, qui caractérise le dol, ne se présume pas dans celui qui ne fait qu'user de son droit : *Nullus videtur dolo facere qui suo jure utitur.* Leg. 65, ff., *de reg. jur.* (3). »

Le droit de jouir de sa propriété, d'user et d'abuser a des limites dans la loi, et du moment où

---

(1) Toullier, *Droit civil,* t. III, n° 327.
(2) *Idem,* 328.
(3) Voy. encore Toullier, t. XI, n° 118 et suiv.

ces limites sont dépassées, celui qui souffre est en droit de s'opposer à cet abus et d'en demander réparation.

En effet, en dépassant les limites de notre droit et en portant atteinte à ceux de notre voisin, il y a faute de notre part, et c'est une disposition textuelle de notre loi, que tout fait de l'homme qui cause à autrui un dommage, oblige celui par la faute duquel il est arrivé à le réparer (1), que cette faute soit la suite d'un fait direct ou de la négligence ou de l'imprudence (2).

Ainsi lorsqu'il y a faute, on doit réparer cette faute, et il n'y a faute que lorsqu'on fait quelque chose qu'on n'avait pas le droit de faire, *quod jure non fit.*

**52.** L'administration n'est pas au-dessus de la loi, et elle ne peut, dans l'exécution des travaux publics, se soustraire à l'application de ces principes; certainement son pouvoir ira quelquefois plus loin que celui d'un simple propriétaire, en ce sens qu'elle pourra empiéter sur nos droits et que nous serons souvent obligés de souffrir cet empiètement, mais ce ne pourra être, dans tous les cas, qu'à charge d'une juste indemnité. L'administration

(1) Code civ., art. 1382.
(2) Code civ., art. 1383.

peut faire des travaux qui me sont préjudiciables, parce qu'ils ont été légalement reconnus utiles et nécessaires pour tous; mais comme je ne puis souffrir moi seul pour l'avantage de tous, que dans la société les charges doivent également peser sur tous les membres, je devrais être dédommagé du préjudice que je souffre.

Ainsi, l'élévation ou l'abaissement de la voie publique m'enlève mes jours, mes accès; l'État, en exerçant ce droit, ne le fait qu'au détriment du mien, il me cause un préjudice matériel et réel dont il me doit la réparation.

Ainsi, des travaux faits sur une rivière qui diminuent la force de mon usine.

Ainsi, de l'établissement de chaussées qui, interceptant le cours d'un canal d'arrosage et le dérivant, m'empêchait d'arroser une prairie arrosable avant ces travaux.

Ainsi, de l'établissement d'un canal dont les infiltrations rendent les terres riveraines impropres à la culture.

Ainsi, des dérivations d'un cours d'eau qui ont pour résultat de rendre improductives des parties de propriété.

**53.** Mais si l'administration est, comme un simple particulier, tenue de réparer le dommage qu'elle cause, si elle n'est point hors de la règle commune lorsqu'il s'agit de réparer les atteintes qu'elle porte au droit d'autrui, on ne peut, d'un autre côté, être plus sévère envers elle qu'envers un simple particulier, invoquer contre elle les principes que nous venons de rappeler et ne pas les lui appliquer lorsqu'ils lui sont favorables.

Il est de règle incontestable que celui qui ne fait qu'user de son droit ne peut être entravé dans l'exercice de ce droit « icelui n'attente qui n'use que de son droit », disaient nos coutumes (1), et cette règle est passée dans les législations modernes (2).

Ainsi, comme le disent les auteurs qui prennent leurs exemples dans le droit commun, j'établis une auberge sur une route à côté d'une auberge très achalandée, et par suite, j'enlève à l'ancien établissement sa clientelle; mon fait préjudicie au premier établi, cependant je ne lui dois aucune indemnité, parce que je n'ai fait qu'user de mon droit dans les limites de la loi et que subordonner l'exercice de mon droit à l'agrément du voisin, à son intérêt, ce serait entraver illégalement mon droit en soumettant injustement son

(1) Art. 107 de la coutume de Bretagne.
(2) Celui qui use de son droit sans en excéder les justes limites, n'est point tenu de réparer le dommage causé à un autre par l'exercice de ce droit : Code prussien, 1re partie, tit. VI, n° 36.

exercice à des charges et à des servitudes que la loi n'impose pas.

J'avais un terrain nu et mon voisin jouissait d'une vue étendue, je construis sur mon terrain, en me conformant à mon droit, mon voisin en éprouve une gêne, et cependant il ne peut demander des dommages-intérêts, c'est l'exemple de la loi romaine, *eo qui tollendo, obscurat ædes vicini quibus non serviat, nulla competit actio* (1). Et cela, comme le dit la même loi romaine, parce que *nemo damnum facit, nisi qui id facit, quod facere jus non habet* (2).

De même encore, je creuse un puits chez moi, à la distance voulue par la loi, et par ce fait légal, j'enlève l'eau de mon voisin, je ne lui dois aucune indemnité.

En matière de travaux publics, une question analogue s'est présentée : en exécutant un canal, l'administration fit divers creusements; les eaux d'un bief voisin, à cause de la nature perméable du sol, filtrèrent et entrèrent en partie dans le canal creusé par l'administration; il y avait là évidemment un dommage causé, mais il n'y avait pas lieu d'en demander la réparation à l'admi-

(1) *Leg.* 9, *ff. de Servit, urb. præd.*
(2) *Leg.* 151, *ff. de Reg. juris.*

nistration, car il n'y avait pas de faute de sa part, elle avait usé de son droit, dans les limites de ce droit, et elle ne pouvait être responsable du dommage qui en résultait, aussi la demande en dommages-intérêts dut-elle être rejetée (1).

L'État crée une route nouvelle et en déclasse une ancienne, il en résulte pour les propriétaires et surtout les industriels voisins de la route déclassée un dommage provenant de la difficulté qui naîtra pour eux de sortir leurs produits par une route moins bien entretenue, et ensuite, un second préjudice résultant de la facilité que vont acquérir pour porter leurs produits notamment les établissements placés sur la nouvelle route, et dont par suite la concurrence va devenir ruineuse; toutefois, l'État n'a fait qu'user de son droit et partant il ne sera tenu d'aucune indemnité.

**54.** D'ailleurs, le préjudice éprouvé dans ce dernier cas est plus un préjudice moral qu'un préjudice matériel, et il faut tenir, en règle générale, que l'État n'est point tenu de réparer ce préjudice moral qui consiste en un simple inconvénient, en une dépréciation seulement dans la valeur relative.

(1) Ord. Klein du 20 juillet 1836.

**55.** Nous disons qu'il n'est dû aucune indemnité, lorsque l'État n'a fait que jouir et user de son
droit; mais qu'a-t-on le droit de faire? Tout ce
que la loi ne défend pas. En effet, aucun pouvoir n'étant supérieur à la loi, ce serait de la part
des tribunaux s'arroger une autorité qu'ils ne sau-
raient avoir que d'empêcher directement ou indirectement de faire quelque chose que la loi ne
prohibe pas. Nous devons donc dire, pour com-
pléter notre pensée, qu'il n'est dû aucune indemnité lorsque l'État n'a fait que jouir et user de
son droit dans les limites posées par la loi et les
règlements.

Lorsque les dommages sont le résultat de circonstances de force majeure, les conséquences ne
peuvent en retomber sur l'entrepreneur, ni
l'État (1).

Pour expliquer les principes que nous venons
de poser, examinons rapidement les cas où l'exécution des travaux publics peut entraîner des
dommages pour les propriétés limitrophes de celles
sur lesquelles les travaux ont lieu : ces cas se présentent plus particulièrement à la suite des travaux de voirie et de ceux exécutés sur les cours
d'eau.

---

(1) Ord. 17 janv. 1838 (Rodet); 1er sept. 1841 (Rodet).

## II.

DOMMAGES CAUSÉS PAR LES TRAVAUX EXÉCUTÉS SUR LA VOIE
PUBLIQUE.

56 Doit—on réparer les dommages causés par des travaux de nivellement qui nécessitent des déblais ou des remblais devant les
habitations ?

57 Sur quoi doit porter la réparation ?

58 La gêne de circulation plus ou mois longue, occasionnée par des
réparations de voirie, ne peut servir de base à une allocation de
dommages-intérêts.

59 Conclusion.

**56.** Le mauvais état dans lequel se trouvaient
anciennement nos rues, les ouvrages faits à leurs
abords, leur classement comme routes, etc., rendent souvent nécessaires des travaux de nivellement dont l'exécution a quelquefois pour résultat de déchausser les maisons ou de les enfouir
en partie sous des remblais; ces travaux apportent,
par suite, évidemment une gêne pour la propriété
privée, la déprécient, la détériorent, en un mot,
lui causent des torts et dommages. Doit-on réparer
ces torts et ces dommages? L'affirmative ne paraît
pas douteuse, cependant la négative a trouvé des
partisans, et voici sur quoi ils se fondent :

10

1° La loi des 16—24 août 1790, charge l'autorité municipale du soin de veiller à la sûreté et à la salubrité publiques, et de prendre toutes les mesures nécessaires pour atteindre ce but. Le nivellement tend à faciliter l'écoulement des eaux, la circulation des piétons et des voitures, c'est donc une des mesures les plus efficaces que l'on puisse employer pour maintenir la sûreté et la salubrité publiques, et, par conséquent, lorsque l'administration fait exécuter ces travaux, elle ne fait qu'user de son droit; bien plus, elle ne fait que remplir ses devoirs ;

2° L'exercice de ce droit a lieu sur le sol public communal ou sur le sol dépendant du domaine public dont l'administration appartient à l'autorité municipale ou centrale ;

3° Celui qui use de son droit n'est pas réputé nuire à autrui et ne peut être, pour ce, inquiété ni recherché;

4° On ne peut acquérir sur la voie publique ni servitude, ni droit de propriété ;

5° Les riverains ont droit d'issue et d'écoulement pour les eaux, mais si ce droit ne peut être nié ni refusé, il peut être modifié dans son exercice par arrêté de police ou autre mesure administrative;

6° Il ne s'agit pas d'agrandissement ni d'augmentation de la voie publique au profit de la commune ou de l'État et au détriment des propriétaires, mais de simples améliorations ;

7° Les inconvénients qui résultent de ces nivellements, sont la suite du régime municipal et de la vie en société;

8° Ce n'est pas là une expropriation, ni une éviction, ni un sacrifice de la propriété, mais une simple modification de la jouissance ;

9° L'État ni la commune ne tirent aucun bénéfice privé de ces nivellements; au contraire, tous les citoyens sont appelés à participer aux bienfaits qu'ils doivent procurer ;

10° Aucune loi n'autorise le paiement de l'indemnité (1).

La plupart de ces raisons ne peuvent porter, parce qu'elles ne s'appliquent pas précisément à la question; il ne s'agit pas en effet de savoir si l'administration peut ou non faire exécuter des travaux de nivellement sur la voie publique, tout le monde reconnaît son droit à ce sujet; la difficulté roule uniquement sur le point de savoir s'il

(1) Jugement du trib. de Nantes du 28 juin 1824 dans l'affaire Bienassis ; jugement du tribunal civil d'Aix de 1825 dans l'affaire Dufour; consultation délibérée par M. Odilon Barrot, Crémieux, Dupin jeune et autres, dans l'affaire Lhoir, déjà citée et rappelée dans la note suivante.

est dû une indemnité, et voici les motifs que font valoir les partisans de l'affirmative :

1° D'après la charte, toutes les propriétés sont inviolables, on ne peut en exiger le sacrifice que pour utilité publique et à charge d'une juste et préalable indemnité ;

2° D'après l'art. 544 du code civil, la propriété consiste non seulement dans le droit de disposer, mais encore dans celui de jouir ; par conséquent, toute atteinte portée à cette jouissance est portée à la propriété et ne doit être soufferte que pour cause d'utilité publique, et de plus, à charge d'indemnité ;

3° L'art. 1382 du code civil, oblige celui qui, par son fait, cause à autrui un préjudice, à le réparer ;

4° Les charges doivent être réparties également sur tous, et ce serait une injustice que d'augmenter celles d'un particulier au profit du public; ce qui arriverait si on n'accordait pas d'indemnité ;

5° L'orsqu'on ne s'empare pas de la propriété privée, que l'on cause seulement des dommages, comme dans les nivellements, il peut ne pas être nécessaire de recourir aux formalités de l'expropriation, mais il n'est pas juste d'en conclure qu'il n'est pas dû réparation pour ces torts ;

6° L'art. 30 de la loi du 16 septembre 1807 dispose que lorsque l'ouverture des rues, places et tous autres travaux publics auront occasionné une notable augmentation de valeur à la propriété privée, les propriétaires pourront être chargés de payer une indemnité; réciproquement lorsque ces travaux auront occasionné une diminution de valeur aux propriétés privées à la suite d'un préjudice matériel, le particulier doit être indemnisé de ce préjudice;

7° Aucune loi particulière n'a dérogé en faveur du gouvernement ni des communes, à l'obligation d'indemniser pour les dommages causés par eux (1).

Ensuite de ces considérations bien puissantes, il faut l'avouer, sur lesquelles plane un esprit de justice et d'équité, et auxquelles viennent s'adjoindre des raisons non moins concluantes à l'occasion de chaque affaire particulière, nous ne devons point reculer devant l'admission de ce principe, que lorsqu'on cause à la propriété privée, par suite de l'exécution de travaux de nivellement, des dommages réels et matériels, l'administration est tenue de les réparer par le paiement d'une indemnité.

(1) Rennes, 14 mars 1822 et rejet du 18 janvier 1826, affaire Bienassis; Aix, 11 mai 1826 et rejet 11 déc. 1827, affaire Dufour; trib. de Lille, 25 mars 1836, et cour de Douai, 11 février 1837, aff. Lhoir.

**57.** Toutefois, le propriétaire lésé doit être juste et raisonnable dans ses prétentions, elles devraient être repoussées ou accueillies seulement en partie, s'il réclamait plus que la réparation du dommage matériel éprouvé.

Il sera dû toujours au propriétaire les frais qu'il sera obligé de faire pour reconforter les bases de sa maison déchaussée par un déblai, et pour recouvrer un accès sur la voie publique, lorsque des remblais l'auront privé de son ancienne issue en le forçant à murer ses portes.

Mais pour ce qui concerne l'indemnité due à raison de la dépréciation résultant de ce qu'un rez-de-chaussée, par exemple, ayant été enfoui, la maison aurait été privée d'autant, il faut avoir égard dans la fixation de la moins value à la plus value que les travaux ont sans doute occasionné au restant de la maison, car le propriétaire, par le fait des travaux, ne doit point perdre, mais il ne doit pas non plus bénéficier au détriment de l'administration.

**58.** Ce que nous venons de dire ne peut s'appliquer qu'au dommage matériel causé à la propriété privée, et dans le cas seul où ce dommage présente un certain caractère de gravité et de permanence; ainsi il ne serait pas dû d'indemnité dans le cas où les dommages auraient consisté seulement, par exemple, dans la gêne de circulation qu'auraient occasionné des travaux de pavage faits dans les rues, dans le but d'en entretenir la viabilité.

La cour de cassation a constamment reconnu comme les autres cours et tribunaux et les auteurs, que chaque habitant d'une commune doit supporter personnellement et sans aucune indemnité toutes les charges et sujétions qui sont la conséquence nécessaire du régime municipal. Le soin de veiller à l'entretien des rues et places publiques est un des principaux attributs et un des premiers devoirs du pouvoir municipal, qui doit y faire exécuter tous les travaux d'entretien nécessaires pour assurer leur viabilité, leur sûreté, leur salubrité; ce droit emporte, par sa nature, l'obligation, en tant que son exercice ne cause pas un préjudice matériel à la propriété privée, de souffrir les désagréments inséparables de l'exécution; ces désagréments sont temporaires et d'autant moins onéreux que la gêne momentanée qu'ils causent est compensée par les avantages qu'apporte l'amélioration de la voie publique.

Nous disons que c'est dans ce sens que se sont prononcés les tribunaux. Ainsi, l'arrêt de cassation du 12 juin 1833, chambre civile, rendu au rapport de M. Carnot, et sur les conclusions de M. de Gartempe, porte:

« La cour, vu l'art. 3, tit. II de la loi du 24 août 1790, et l'art. 544 code civil, attendu que les travaux exécutés par la ville de Paris, l'ont été sur la voie publique ; que la ville de Paris y avait été autorisée par l'autorité supérieure ; que chaque habitant d'une commune doit supporter personnellement et sans indemnité, toutes les charges et sujétions qui sont la conséquence nécessaire du régime municipal et sont d'ailleurs autorisées par les lois et règlements de police ; que les pertes qui résultent momentanément de l'interruption des circulations pendant les travaux, se trouvent compensées par l'avantage qui est la suite des travaux mêmes ; que la ville de Paris n'a fait qu'user de son droit ; que l'arrêt ne constate point qu'elle en ait usé sans se conformer aux lois ; que celui qui a usé de son droit, sans qu'il y ait à lui reprocher aucune faute, n'est tenu qu'à la réparation du dommage matériel que les travaux ont pu causer à autrui ; que la cour royale de Paris, en condamnant la ville de Paris à dédommager par état, les propriétaires ou locataires qui ont souffert de l'exécution des travaux par elle entrepris pour le nivellement du boulevard St-Denis, sans avoir égard aux avantages que ces travaux peuvent leur procurer, a fait une fausse application de l'art. 1382 du code civil, et formellement violé l'art. 3, tit. II de la loi du 24 août 1790 et l'art. 544 code civil. »

Ces principes avaient été rappelés dans une autre hypothèse par la même cour, dans l'affaire de la dame Bienassis, contre la ville de Nantes, dont nous avons parlé plusieurs fois.

Ils ont été appliqués par le conseil d'État, dans l'ordonnance rendue le 20 février 1840, au rapport de M. Montaud, dans l'affaire Steffani.

A la suite du changement de la route départementale de St-Brieuc à Morlaix, on avait fait sur cette route des travaux qui avaient momentanément rendu difficile l'accès de l'auberge du sieur Steffani, celui-ci se plaint devant le conseil de préfecture qui rejette sa demande en indemnité; pourvoi en conseil d'État et ordonnance ainsi conçue :

« Vu l'art. 3 de la loi du 28 pluviôse an VIII, les art. 48 et 57 de la loi du 16 septembre 1807 ; au fond, considérant qu'il résulte de l'instruction que les travaux exécutés par l'administration n'ont point eu pour résultat de causer à la propriété du sieur Steffani, un dommage réel et matériel, et qu'en conséquence, c'est avec raison que le conseil de préfecture a rejeté sa demande en indemnité. Art. 1er, etc. »

**59.** Ainsi, il n'est dû d'indemnité que dans les cas où il y a un dommage matériel porté à la propriété privée par les travaux de voirie.

## III.

DOMMAGES CAUSÉS A L'OCCASION DE TRAVAUX PUBLICS EN-
TREPRIS SUR LES COURS D'EAU, OU AUX APPROCHES DE CES
COURS D'EAU.

60 Les travaux publics entrepris aux abords des cours d'eau et
portant un dommage matériel à la propriété privée, donnent
lieu à une indemnité.

61 Il faut que le dommage soit direct et matériel pour qu'il doive
être réparé.

62 Le concessionnaire à titre gratuit, troublé dans sa concession par
des entreprises de travaux publics, a-t-il droit à une indemnité?

63 Réserves à faire dans les autorisations que donne l'État.

64 Le conseil d'État a jugé qu'il n'était pas dû d'indemnité au
propriétaire d'une usine souffrant d'une diminution de force,
s'il n'est pas justifié d'un titre de propriété antérieur à 1566.

**60.** Lorsque l'exécution des travaux publics
exécutés sur les cours d'eau ou à leurs abords,
cause un dommage matériel à la propriété privée,
l'État, ou soit l'entrepreneur chargé de ces travaux, doit une juste réparation pour les dommages qu'il cause.

C'est ce qui a été établi par la loi du 16 septembre 1807, art. 48 et jugé :

Lorsque le dommage causé consiste en une diminution de la force motrice d'une usine (1).

Pour un dommage causé par la surélévation des eaux dans le canal qui alimente l'usine (2).

Pour le chômage forcé d'une usine, par suite de travaux faits sur les rivières et canaux l'alimentant (3).

Pour une inondation continuelle des propriétés privées résultant du changement du cours d'une rivière (4).

Pour une inondation périodique résultant du même fait (5).

Pour des infiltrations, suites de l'établissement d'un canal (6).

Pour des dommages résultant de l'humidité occasionnée pour la confection vicieuse des travaux (7).

Pour une inondation causée par le reflux des eaux occasionné par les travaux (8).

(1) Dietsch, ord. 18 avril 1836 ; préfet de Seine-et-Oise, c. Truffaut, Paris, 1er août 1835 ; Bruneau, rej. 23 mars 1836 ; Germain, c. le domaine, Dijon, 17 août 1837 ; préfet de l'Oise, c. Pollet, rej. 23 avril 1838 ; Aubertaut, ord. 22 mars 1841.
(2) Boisredon, c. le préfet de la Nièvre, ord. 14 avril 1839.
(3) Cacheux, ord. 7 nov. 1834.
(4) Legué, c. le préfet du Finistère, Rennes, 28 août 1833.
(5) Delattre, ord. 23 oct. 1835.
(6) Boucher, ord. 4 juillet 1837.
(7) Laroque, ord. 28 juin 1837.
(8) Millet, ord. 18 juil. 1838 ; de Beausset et autres, ord. 22 mai 1840.

Que les dommages soient causés à des usines
situées sur des rivières navigables ou sur des cours
d'eau qui ne le sont pas (1).

**61.** Peu importe que ces travaux soient con-
tinus ou discontinus, temporaires ou permanents;
mais il faut qu'il y ait un dommage direct et matériel causé par le fait de l'administration et par sa
faute, ainsi, comme nous l'avons vu dans l'affaire
Klein, rapportée et jugée par ordonnance du 20
juillet 1836, il ne serait pas dû d'indemnité pour
des pertes d'eau résultant de filtrations qui auraient eu lieu d'un bief déjà existant dans un canal
construit par l'administration, à cause de la nature perméable du sol ; cette perméabilité du sol
n'était pas le fait de l'administration et celle-ci ne
pouvait être tenue des suites qui en résultaient
lorsqu'elle n'avait fait qu'user d'une manière légale
de son droit ; ce n'était qu'un dommage indirect
que l'administration n'était pas tenue de réparer,
parce qu'il n'y avait de sa part ni faute, ni négligence, ni imprudence, et que lui faire supporter
les suites indirectes de l'exercice légal et nullement conditionnel de son droit, aurait été porter
une atteinte illégale à ce droit.

Le conseil d'État a fait plusieurs fois l'appli-

(1) Honnoret, ord. 14 janv. 1841 ; Moret, 26 nov. 1841.

cation de ce principe, que l'administration ne doit pas réparer les dommages qu'elle cause indirectement dans l'exécution des travaux publics.

Ainsi, l'État change le cours de la Somme, la mer qui n'est plus arrêtée par la barre du fleuve, vient fondre sur les terrains riverains de l'ancien lit et cause des dégâts considérables; les propriétaires s'adressent au conseil de préfecture qui ordonne préalablement une expertise; mais sur le pourvoi du ministre des travaux publics, intervient, le 14 décembre 1836, une ordonnance ainsi conçue :

« Considérant que le dommage dont les réclamants demandent à être indemnisés a été occasionné à leurs propriétés par l'invasion accidentelle des eaux de la mer; qu'ils fondent leur recours contre l'État sur ce que, par les travaux effectués dans l'intérêt de la navigation, les eaux de la Somme qui les auraient protégés contre la mer ont été détournées de leur cours. Considérant qu'aucune loi n'impose à l'État l'obligation de réparer les conséquences indirectes des travaux qu'il effectue pour le service public. »

La même décision a été rendue dans l'affaire Coulon; l'ordonnance du 5 décembre 1837, au rapport de M. d'Haubersaert, est ainsi conçue :

« Considérant que le dommage dont le réclamant demande à être indemnisé, aurait été occasionné à sa propriété par suite des travaux que l'État a exécutés pour défendre le canal de Nivernais contre les eaux de Lyonne, et pour redresser le cours des eaux de cette rivière ; que ledit réclamant fonde son recours contre l'État, sur ce que le terrain dont il se prétend propriétaire serait en partie envahi par les eaux en conséquence de cesdits travaux ; considérant qu'aucune loi n'impose à l'État l'obligation de réparer les dommages indirectement causés par les travaux qu'il effectue pour le service public. Art. 1$^{er}$, etc.. (1). »

C'est là, il faut l'avouer, une jurisprudence très favorable à l'administration, mais qui ne laisse pas que d'être alarmante pour les intérêts privés ; on conçoit en effet que, avec la facilité mise par le conseil d'État à ne considérer les dommages dont il est question dans les deux espèces qui précèdent que comme des conséquences indirectes des travaux, un grand nombre de dommages réellement et matériellement éprou-

(1) L'ord. du 30 déc. 1842, de Galliffet, a encore reconnu qu'aucune loi n'impose à l'État l'obligation de réparer le dommage indirectement causé par les travaux publics. Dans l'espèce, M. de Galliffet demandait une indemnité sur le motif que les travaux exécutés au port de Bouc (Bouches-du-Rhône), avaient diminué considérablement le produit des pêcheries dont il était propriétaire dans les étangs de Caroute et de Berre, situés près un lieu où l'État avait exécuté les travaux. Voy. encore ord. 25 avril 1842, Rougane ; 20 janv. 1843, Talon ; et 20 janv. 1843, Breteau.

vés par des particuliers, le seront sans qu'ils puissent réclamer des indemnités; aussi M. Cotelle (1) critique-t-il ces décisions rendues malgré ses efforts et ceux de M. Beaucousin, et ses critiques ne manquent pas de force. Toutefois, le principe est maintenant incontestablement et formellement posé par le conseil d'État; l'administration ne sera point tenue de réparer les dommages, conséquences indirectes des travaux; le soin de la défense, dès lors, pour échapper à cette jurisprudence, sera de justifier que les dommages sont une conséquence directe des travaux, et de cette question de fait, dont on ne peut faire l'examen qu'en présence des espèces, résultera le droit à l'indemnité.

**62.** Pourrait-on opposer une fin de non-recevoir au propriétaire qui réclamerait une indemnité à l'occasion des travaux entrepris sur une rivière, lorsque ces travaux, en baissant le niveau des eaux, auraient diminué la force motrice des usines, sur le motif que le plaignant est un concessionnaire à titre gratuit à l'époque où le domaine de l'État était aliénable ?

Les hospices de Pontoise et le sieur Truffaut possèdent au pont de Pontoise, deux moulins qui

---

(1) Cotelle, *Cours de droit adm.*, t. II, p. 549, n° 155.

ont chômé quelque temps, et dont la force motrice a été considérablement diminuée à la suite des travaux exécutés par le gouvernement pour la construction d'un pont. La difficulté ne portait d'abord que sur la fixation du montant de l'indemnité, mais renvoyé devant les tribunaux civils, le préfet contesta même le droit à l'indemnité. Un des moulins avait été concédé en 1198, par Philippe-Auguste aux hospices, on prétendait que cette concession avait été gratuite, ce qui était contestable; l'autre moulin avait été vendu par l'État, suivant procès-verbal des 9 et 14 mai 1791; or, voici quel était le système de l'administration, remontant à l'origine de la propriété, c'est-à-dire, à Philippe-Auguste pour le moulin des hospices, et à 1791 pour celui de Truffaut, elle disait : l'origine des moulins est domaniale, elle est même gratuite pour l'un d'eux, et pour celui-là la concession pourrait être révoquée ; mais à tout événement, que l'État ait concédé gratuitement ou vendu à titre onéreux, la concession ou la vente ne peuvent l'empêcher de faire sur la rivière les travaux nécessaires pour la navigation, car c'est là un droit auquel il n'a pas même pu renoncer. Eh bien, l'État n'a fait qu'user de son droit; vos usines sont situées sur une rivière navigable, vous êtes obligé de subir les servitudes naturelles résultant de leur position; d'ailleurs, les radiers qui élevaient l'eau n'étaient pas votre propriété, mais bien celle de l'État; leur suppression ne peut donc motiver une indemnité.

Ce système ne triompha pas, les hospices de Pontoise purent, en apprenant sans doute par la défense de l'État, la royale origine de leur propriété, en rendre grâce à Philippe-Auguste; mais le tribunal de Pontoise ayant cru que par cela même que l'État avait concédé et vendu, il devait à l'acquéreur la garantie de l'exercice utile du droit de propriété transmis par la concession et la vente, et que chacun doit réparer le préjudice dont il est l'auteur et la cause, le tribunal, dis-je, alloua aux propriétaires des usines une indemnité qu'il fixa même à la somme de 221,000 fr., réduite par la Cour.

Il faut avouer, en effet, que le moyen de défense que présentait l'État en se fondant sur l'origine de la propriété, était inadmissible, car c'était peut-être le plus fort argument que les indemnitaires pussent invoquer pour y fonder leur droit; sinon, il faudrait admettre que l'État aurait le singulier privilége, lorsqu'il fait une vente, de faire payer le prix de la chose vendue, sa propriété, le tout sans conditions, et de paralyser ensuite les droits de propriétaire, de vendre une usine et d'enlever ensuite impunément la force motrice, sans être tenu d'aucune indemnité, et en retenant le prix payé pour l'usine et la force motrice, sans laquelle l'usine n'est rien.

**63.** Les administrateurs doivent, dans les autorisations qu'ils donnent, n'agir qu'avec la plus grande prévoyance, n'aliéner que les droits qui ne peuvent être d'aucune utilité à l'État ou à un service public, et même, en faisant cet abandon, ne le faire que sous toutes les réserves que nécessite l'intérêt public.

Cette prévoyance doit surtout présider aux concessions d'eau et autorisations d'établissements d'usine demandées au gouvernement ; ce sera le moyen de prévenir légalement et équitablement les demandes en indemnité, peu favorables au propriétaire pour lequel elles résolvent en une somme d'argent des droits qui, matériellement appréciables, sont, d'après ses vues, ses jouissances, ses affaires privées, son industrie et mille autres causes personnelles inappréciables, et surtout onéreuses pour l'État, qui est obligé de payer de fortes sommes pour des droits qu'il force l'indemnitaire à perdre, sans qu'il les acquière lui-même et puisse en retirer le moindre profit.

Nous savons qu'on a prétendu qu'une telle réserve insérée dans une concession n'est pas valable.

Ainsi, le sieur Gauthier avait, en l'an III, demandé l'autorisation de construire une usine sur un bras de la rivière de l'Ourcq, l'autorisation ne fut accordée que : « à la charge par Gauthier de se soumettre à supporter sans indemnité la suppression du moulin au cas où les travaux à faire ou l'utilité de la navigation en nécessiteraient, par la suite, la suppression. »

La construction du canal de l'Ourcq ayant rendu cette suppression nécessaire, le sieur Gauthier demandait une indemnité ; le conseil de préfecture de la Seine repoussa sa demande, et par ordonnance du 15 mars 1826, sa décision fut confirmée, par le motif que la concession n'avait été faite qu'avec la clause que la suppression de l'usine, nécessitée par des travaux publics ou les intérêts de la navigation, ne donnerait lieu à aucune indemnité.

En pareil cas, nul doute que si la question se représentait devant les tribunaux, et que le demandeur voulût prétendre qu'une partie seule de la concession doit être exécutée, ou que cette concession conditionnelle dût sortir à effet, comme si elle était pure et simple, nul doute, disons-nous, que les tribunaux les rappelleraient à leur contrat qui fait leur loi et exonéreraient l'État des suites d'une demande en indemnité repoussée par le contrat; toute décision contraire serait une violation flagrante de l'art. 48, § 2 de la loi du 16 septembre 1807.

Aussi, en exécution d'un arrêté du Directoire du 9 ventôse an VI, et d'une instruction ministérielle du 19 thermidor suivant, le gouvernement est-il dans l'habitude d'introduire dans toutes les autorisations d'établissement d'usine sur les cours d'eau, une clause par laquelle le concessionnaire est exclu de tout recours en indemnité contre l'État, en cas de suppression de l'usine ou de diminution de la force motrice, résultant de l'exécution de travaux publics.

**64.** Le conseil d'État, non-seulement, comme nous l'avons vu, admet justement la validité d'une semblable cause, mais encore, examinant d'abord si l'usine est fondée en titre (1), il juge qu'il n'est pas dû d'indemnité pour la suppression ou la diminution de la force motrice d'une usine à la suite de l'exécution des travaux publics; lorsque les travaux sont entrepris dans l'intérêt de la navigation et que le propriétaire de l'usine ne justifie pas d'un titre de propriété antérieur à l'ordonnance de 1566.

(1) L'autorité administrative est seule compétente pour faire cet exam n. Ord. 17 mai 1837 (Majouvel).

C'est ce qu'a décidé l'ordonnance du 14 janvier
1839, au rapport de M. de Jouvencel, dans l'affaire entre le ministre des travaux publics, Paris
et Martin; à la suite de l'établissement d'un chemin
de halage sur les bords de la Dordogne, le moulin
des sieurs Paris et Martin avait été supprimé, ces
propriétaires formèrent une demande en indemnité devant le conseil de préfecture qui leur alloua
12,000 fr.

Mais le ministre des travaux publics demanda
au conseil d'État la révision de cette décision sur
les motifs suivants :

« Depuis l'édit de 1566, il n'a pu être établi d'u-
sines sur les fleuves et rivières navigables et flottables qu'à titre précaire et de pure tolérance. Or,
si l'on conçoit qu'une indemnité puisse être due
aux propriétaires d'usines, en cas de suppression,
lorsqu'elles n'ont été autorisées que sous la condition d'un capital versé dans les caisses de l'État
pour prix de l'autorisation, rien ne saurait justifier l'allocation d'une pareille indemnité, lorsque
les usines ont été autorisées, soit à titre gratuit,
soit sous la condition d'une simple redevance annuelle qui doit nécessairement cesser avec la révocation de la tolérance. »

Les défendeurs répondent que l'arrêté du Directoire du 19 ventôse an VI a maintenu toutes

les usines dont le propriétaire pouvait avoir acquis la propriété de bonne foi et à juste titre.

Ordonnance qui annulle l'arrêté du conseil de préfecture sur les motifs suivants :

..... « Vu l'édit de février 1566, l'ordonnance de 1669, la déclaration d'avril 1683, l'arrêt du 31 août 1728, l'arrêté du Directoire du 19 ventôse an VI et la loi du 16 septembre 1807 ; considérant que la rivière de la Dordogne est navigable et flottable au point dont il s'agit ; que les sieurs Paris frères et Martin ne justifient d'aucun titre de propriété authentique antérieur au 1er avril 1566 ; que, dès lors, ces propriétaires n'étaient en droit de réclamer aucune indemnité pour la suppression de leur usine (1). »

On peut trouver de puissants arguments contre cette jurisprudence dans l'arrêté du Directoire du 19 ventôse an VI, contenant les mesures pour assurer le libre cours des rivières et canaux navigables et flottables ; aussi les défendeurs n'avaient-ils pas manqué de se prévaloir de cet arrêté ; le conseil d'État ne crut pas devoir s'arrêter aux moyens tirés de ce document. Mais si la jurisprudence est fondée en droit, comme elle est très sévère, il est

_____

(1) Ce n'est point la seule décision rendue dans ce sens, la jurisprudence du conseil d'État est constante sur ce point ; 8 juin 1831, Beaugrand ; 11 mai 1838, Berteau ; 18 mars 1840, Conqueret.

à espérer de l'équité et de la justice de l'administration qu'elle n'usera strictement de son droit,
dans des cas semblables, que pour réduire à de
justes propositions les prétentions trop ambi-
tieuses des propriétaires, et non pour les priver
d'une indemnité que l'équité au moins lui fait un
devoir d'offrir et de payer.

Remarquons en outre que cette jurisprudence,
fondée sur le droit du gouvernement de modifier
et supprimer les établissements dans l'intérêt de
la navigation sans payer d'indemnité, n'est applicable que lorsque la modification ou la suppression
est la suite d'actes destinés à assurer le service de
la navigation. Les dommages occasionnés par les
travaux publics entrepris dans un autre but, doivent être réparés, en suivant les règles ordinaires,
comme nous l'avons exposé au commencement
de ce paragraphe.

### III.

DOMMAGES CAUSÉS PAR DES ATELIERS INSALUBRES OU INCOM-
MODES, TEMPORAIREMENT ÉTABLIS PENDANT L'EXÉCUTION
DES TRAVAUX.

65 Dommages causés par les ateliers insalubres ou incommodes
pour lesquels il est dû une réparation.

**65.** L'exécution des travaux publics peut nécessiter l'établissement momentané d'ateliers compris dans la classe des établissements insalubres
et incommodes; ainsi des briqueteries (1), des
fours à chaux (2), des machines à vapeur et chau-
dières à feu (3), des moulins à broyer le plâtre,
la chaux et les cailloux (4), des fours à plâtre (5),
des tuileries (6).

Pour l'établissement de ces ateliers, il est nécessaire de remplir les formalités prescrites par la loi,

(1) Deuxième et troisième classe, ord. 14 janv. 1815.
(2) Deuxième et troisième classe, du 15 oct. 1810; ord. 14 janvier
1815; ord. 29 juillet 1818.
(3) Deuxième et troisième classe du 15 oct. 1810; ord. 14 janvier
1815, 29 oct. 1823, 7 et 25 mai 1828, 27 sept. 1829, 25 mars 1830.
(4) Deuxième classe, ord. 9 fév. 1825.
(5) Deuxième et troisième classe, déc., 15 oct. 1810, ord. 14 janv.
1815, 29 juillet 1818.
(6) Deuxième classe, ord. 14 janv. 1815.

et lorsqu'ils sont autorisés et qu'ils fonctionnent, s'il en résulte des dommages, il faudra distinguer la nature des dommages, voir si ce sont des dommages moraux ou des dommages matériels.

Les demandes en indemnité qui s'élèvent pour les dommages moraux, doivent être rejetées ; ces demandes sont implicitement jugées et écartées par l'acte d'autorisation qu'une instruction contradictoire a précédé.

C'est dans l'enquête que les oppositions de cette nature doivent figurer, et si on passe outre et que l'autorisation soit accordée, la chose est jugée ; sinon les actes d'autorisation seraient des actes illusoires, sans force, et la procédure préparatoire qui précède l'autorisation serait inutile.

Quant aux dommages matériels, ils doivent être réparés, et une juste indemnité doit être payée à celui qui les a éprouvés et soufferts (1).

(1) Ord. 15 déc. 1824 (Lez); 22 juin 1825 (Barlatier); 13 avril 1829 (Riols). Pour la distinction entre le dommage moral et le dommage matériel, voy. M. Taillandier, *Traité de la législation* concernant les manufactures et ateliers dangereux, insalubres et incommodes, chap. IX. Nous ferons observer, à l'occasion de cette citation, que M. Taillandier, d'après les arrêts de la cour de cassation et les décisions administratives, reconnaît les tribunaux civils comme compétents pour estimer les dommages *matériels* causés par des établissements insalubres. Son opinion est incontestable, en règle générale, mais elle n'est point spécialement applicable aux dommages causés par des établissements insalubres, qui ne sont que momentanément exploités pour l'exécution des travaux publics et pendant cette exécution; ces dommages sont alors une véritable suite de l'exécution des travaux publics, et l'on doit suivre les règles de compétence établies dans le paragraphe suivant.

## V.

**66.** Jusqu'ici nous nous sommes attachés à rechercher les cas où il était dû une indemnité lorsqu'il résultait pour un particulier un dommage à l'occasion de l'exécution des travaux publics; ce n'est pas toujours sans peine que l'on peut distinguer ces cas; mais la difficulté grandit lorsqu'il s'agit de trouver la juridiction devant laquelle devra être porté, en cas de contestation, le règlement de certains de ces dommages.

Comme c'est surtout au résultat pratique que nous nous attachons, il nous semble utile et nécessaire d'exposer, dès l'abord, quelle est sur ce point la jurisprudence des tribunaux civils et celle du conseil d'État; à cet effet nous allons rapidement analyser, en les suivant par ordre chronologique, les décisions les plus importantes de ces deux juridictions, sans remonter à une époque trop éloignée de nous, dont la connaissance aurait un intérêt plus historique que pratique.

*Première Espèce.* — Par l'arrêt du 18 janvier 1826, la cour de cassation, chambre civile, rejette le pourvoi contre un arrêt de la cour de Rennes qui, pour estimer le dommage causé à la dame Bienassis, à la suite de travaux d'exhaussement de la voie publique entrepris par la ville de Nantes, avait nommé préalablement des experts, et par suite, retenu le règlement de l'indemnité.

2ᵉ. — La cour royale d'Aix, le 11 mai 1826, affaire Dufour, contre la ville d'Aix, se porta juge de l'indemnité réclamée par le propriétaire, d'une maison dont l'accès était rendu très difficile par l'exhaussement du sol; mais rien ne prouve dans cette affaire, pas plus que la précédente, que la ville d'Aix ou celle de Nantes eussent élevé une exception d'incompétence; au contraire, devant la cour d'Aix, comme devant celle de Rennes, on s'était défendu au fond.

3ᵉ. — Lorsqu'une propriété, à la suite de travaux exécutés sur une rivière, est constamment inondée, c'est à l'autorité judiciaire à fixer l'indemnité, parce qu'il n'y a pas, dans ce cas, simples dommages, mais dépossession. Cour de Rennes, 28 août 1833. — Legné et Nicol, contre le préfet du Finistère.

4e. — Cette même cour a jugé, le 1er février 1834 (Dutertre, c. le préfet des Côtes-du-Nord); et le 17 mai même année (Dubay, c. le préfet de la Loire-Inférieure), que lorsque, à la suite de travaux faits par l'État à une rivière navigable, la force motrice de l'usine d'un particulier éprouvait une diminution permanente, les tribunaux civils étaient seuls compétents pour régler l'indemnité due pour ce fait, parce qu'il y avait démembrement de la propriété, expropriation partielle, et que l'autorité administrative n'était compétente que dans le cas où les dommages étaient variables et temporaires.

5e. — L'État, faisant canaliser la Sambre, les sieurs Piard et Urbain, concessionnaires, sans s'entendre avec les riverains, s'emparèrent de plusieurs des fonds appartenant à ceux-ci, et faisant acte de propriété, ils abattirent les arbres et clôtures; poursuites du ministère public sur la plainte des parties intéressées; l'affaire est portée devant les tribunaux correctionnels, les concessionnaires plaident l'incompétence, mais leur exception est rejetée; appel émis de la sentence des premiers

juges devant la cour de Douai, qui reconnaît l'incompétence de l'autorité judiciaire par un arrêt
ainsi conçu :

« Vu l'art. 4, nᵒˢ 2, 3 et 4 de la loi du 28 pluviôse an VIII ; attendu que les plaintes et procès-
verbaux dressés à la charge des concessionnaires
de la canalisation de la Sambre, à raison des torts
et dommages qu'ils auraient causés à différents
particuliers riverains, par des abattis d'arbres,
de haies vives, de barrières, prises de terrain et
autres voies de fait, rentrent évidemment dans
les dispositions non-seulement de l'art. 4 ci-dessus
cité, mais encore de l'ordonnance du conseil
d'État, rapportée par Dalloz, 1825, partie 3, p. 7;
que c'est donc au conseil de préfecture qu'il appartient de connaître de ces plaintes.

« Attendu que cette attribution est d'autant
plus rationnelle, que les concessionnaires étant de
véritables entrepreneurs de travaux publics, l'autorité administrative ne peut les délaisser sans
appui et sans aucune garantie de sa part, lorsqu'ils
ne font qu'exécuter le mandat qu'elle-même leur
avait confié; que s'ils avaient outrepassé, comme
on le prétend dans l'espèce, les limites de ce mandat, il deviendrait indispensable alors d'examiner
la question à cet égard préjudiciellement, et pour
parvenir à la décider en toute connaissance de

cause, de rapprocher les faits imputés à ces entrepreneurs, des termes de leur titre de concession et du cahier des charges qui y est annexé, rapprochement que la cour ne saurait faire cependant, puisqu'elle commettrait un excès de pouvoir si elle s'immisçait dans l'interprétation des actes administratifs et dans l'appréciation des faits que la teneur de ces mêmes actes administratifs peut seule caractériser comme licites ou comme illégaux.

« Attendu enfin, que l'admission du déclinatoire proposé ne préjudicie en rien à la faculté qu'ont les plaignants, de se pourvoir, s'ils se croient fondés, devant la juridiction compétente, soit pour faire juger la question de propriété des terrains où les faits reprochés aux entrepreneurs ont eu lieu, soit pour se faire adjuger des indemnités à raison des portions de ces terrains qui leur auraient été réellement enlevées pour cause d'utilité publique........... »

6ᵉ. — L'État avait construit une route, de Saumur à la Rochelle, cette route était établie en remblais et encaissée entre deux murs de soutènement, le long de la propriété Mériet; la chaussée mal construite s'éboule, un petit bâtiment appartenant à Mériet est détruit, et ses jardins sont très endommagés.

Qui règlera l'indemnité à défaut de convention amiable ?

Mériet s'adresse aux tribunaux civils, le préfet présente un déclinatoire qui est rejeté en première instance et en appel. Pourvoi en cassation, arrêt : « Attendu que le règlement des indemnités auxquelles peuvent donner droit les dommages causés à des particuliers par suite de travaux publics actuellement en cours d'exécution, ne doit pas être fait par l'autorité judiciaire, casse. » 20 août 1834, chambre civile, conclusions de M. de Gartempe.

7ᵉ. — Arrêt de la cour royale de Paris, 1ʳᵉ ch., du 1ᵉʳ août 1835, qui fixe l'indemnité due au sieur Truffaut, pour la diminution considérable de force motrice qu'a éprouvé son usine à la suite de l'exécution de travaux publics; cet arrêt porte entre autres motifs :

« Considérant que dès qu'il s'agit beaucoup moins d'une véritable expropriation pour cause d'utilité publique que de la réparation d'un préjudice causé, il n'y a lieu d'appliquer ni la loi du 8 mars 1810, ni celle du 3 juillet 1833. »

8ᵉ.— Le 28 avril 1835, la cour royale d'Agen, dans l'affaire Bruneau, contre le préfet de la Sarthe, avait jugé que les tribunaux civils étaient seuls compétents pour connaître de l'indemnité due pour dommages résultant de la réduction perpétuelle de la force d'une usine et que l'autorité administrative n'était compétente que lorsqu'il s'agissait de dommages temporaires et variables. Le préfet s'étant pourvu en cassation, la cour, le 23 novembre 1836, chamb. civ., rejeta le pourvoi, sur le motif que la diminution permanente de la force motrice d'une usine constitue une expropriation et que les tribunaux sont seuls compétents pour fixer les indemnités dues à raison des sacrifices que les citoyens peuvent être obligés de faire à l'utilité publique.

La cour de cassation pose ainsi dans cet arrêt, les limites qui, d'après elle, doivent séparer les deux juridictions:

« Attendu que pour déterminer la ligne de démarcation qui sépare la compétence des tribunaux de celle de l'administration, il faut distinguer: 1° entre les travaux exécutés sous l'empire de la loi de 1807 et ceux exécutés postérieurement à la loi de 1810 et au décret de la même année; 2° entre les indemnités réclamées pour préjudices temporaires et variables résultant de chômage pendant la durée de la confection des travaux d'utilité publique, et les indemnités pour diminution de la force motrice des usines, diminution qui constitue un préjudice permanent, et par conséquent une

12

altération notable de la propriété même. »

9ᵉ. — Cette jurisprudence a servi de base à l'arrêt de la cour de Colmar, le 14 août 1836, rendu dans la cause entre le préfet du Bas-Rhin et Dietsch.

10ᵉ. — La cour royale de Dijon, le 17 août 1837, a jugé que lorsqu'il y a diminution de la force motrice d'une usine, il y a un dommage permanent, constituant une expropriation, et que les tribunaux sont seuls compétents pour régler l'indemnité (Affaire Germain).

11ᵉ. — Les travaux faits sur les rivières de la Verse et sur l'Oise où elle se jette, ont affaibli la force motrice de l'usine de M. Pollet, établie sur la Verse, ils soumettent cette usine à l'effet dommageable de refluements plus ou moins réguliers; assignation est donnée au préfet devant le tribunal civil où il se défend; appel et décision de la cour, favorable à Pollet; pourvoi en cassation, on soulève pour la première fois la question de compétence; mais cette exception est rejetée par arrêt du 23 avril 1838, chamb. civ., aux conclusions de M. Tarbé, sur le motif que, s'agissant de dommages permaments, les tribunaux civils étaient seuls compétents.

12ᵉ — Par arrêt de rejet du 30 avril 1838, ch. des req., la cour de cassation, sur les conclusions de M. Hervé, a décidé que lorsque, par suite de travaux d'exhaussement faits sur la voie publique, l'accès d'une maison est rendu plus difficile ou impossible, la demande en indemnité formée par le propriétaire, doit être portée devant les tribunaux civils, parce qu'il s'agit d'une modification ou altération permanente et perpétuelle de la jouissance qui modifie ou altère la propriété (Commune de Moulins, contre Lhoir.)

13ᵉ — L'établissement de barrages faits sur la rivière du Cher pour déverser les eaux dans le canal du Berry, ayant influé sur la force motrice de l'usine du sieur Soalhat, celui-ci a porté devant les tribunaux civils une demande en indemnité, dont la connaissance a été retenue par le tribunal de première instance, et en appel par la cour royale de Riom, sur le motif que le préjudice étant permanent, constituait une altération notable de la propriété équivalent à une expropriation (23 mai 1838).

14ᵉ.—Des remblais faits dans la Guillotière, causèrent un dommage à la maison du sieur Polaillon; celui-ci investit le tribunal civil, et l'appel ayant été porté devant la cour royale de Lyon, la cour admit la compétence judiciaire par arrêt du 1ᵉʳ mars 1838, disant que c'était là une question de propriété, puisque la propriété implique pour chacun le droit de jouir de la chose, sans être troublé dans la possession d'aucun de ses attributs.

15<sup>e</sup>. — La compagnie du chemin de fer de Paris à Versailles, rive gauche, s'étant emparée sans avertissement préalable d'un terrain clos dont Buard était locataire, se vit assignée en référé pour s'entendre condamner à remettre les lieux dans leur premier état. Ordonnance du président du tribunal de Versailles qui fait droit à cette demande; appel; arrêt de la cour de Paris, du 12 octobre 1838, qui retient la connaissance de la cause et le règlement de l'indemnité, parce que les entrepreneurs n'ayant point rempli les formalités préalables, prescrites par la loi, il y avait de leur part des actes illégaux ne se rattachant point à des actes administratifs et dont la répression appartenait aux tribunaux civils.

Nous citons peut-être mal à propos ici cet arrêt, qui ne se rapporte pas à des dommages résultant de l'exécution des travaux publics sur les propriétés voisines de celles où s'exécutent les travaux, mais bien à une voie de fait.

16<sup>e</sup>. — Les infiltrations des eaux du canal de Roanne, à Digoin, ayant causé des dommages à la propriété du sieur Desfournier, celui-ci a formé une demande devant le tribunal civil, qui s'est déclaré compétent; appel ; arrêt de la cour de Lyon, 4ᵉ chamb., du 9 décembre 1840, qui retient également la matière à cause du caractère de permanence et de perpétuité du préjudice, constituant une altération de la propriété elle-même.

17ᵉ. — L'arrêt de rejet de la cour suprême, du 15 décembre 1841, chambre des requêtes, rendu sur les conclusions de M. Pascalis, dans l'affaire Robillard, après avoir reconnu que l'autorité administrative, était seule compétente pour régler l'indemnité due pour une occupation temporaire, a jugé que les dommages résultant du morcellement de terrain, de la destruction de clôtures, de l'altération du sol et autres faits de même sorte, conséquences nécessaires de la destination d'un terrain exproprié, doivent être réglés par le jury d'expropriation. Ce même arrêt décide encore que le propriétaire actionné par son fermier, à raison de dommages résultant de travaux publics, ne peut appeler en garantie l'administration devant le tribunal civil saisi de la demande principale; il est obligé de se pourvoir devant l'autorité administrative pour faire régler par elle ces dommages.

18ᵉ. — Des travaux exécutés dans la commune de Verneuil ayant exhaussé le sol d'une rue de un mètre à 0,66 centimètres, devant la propriété du sieur Brard, celui-ci a formé une demande en dommages-intérêts devant le tribunal civil qui s'est déclaré incompétent ; mais sur l'appel, la cour de Rouen, par arrêt du 17 juillet 1843, a retenu la matière sur le motif que, s'agissant d'un dommage permanent, il y avait une expropriation.

19ᵉ. — L'administration ayant mis l'eau, en 1843, dans un canal latéral de la Garonne, le sieur Sentis eut, ainsi que plusieurs propriétaires des environs de Toulouse, ses propriétés inondées. Sur un référé introduit devant le président du tribunal civil, contre le préfet de la Haute-Garonne, intervient un rapport d'expert d'après lequel, pour remédier aux dégâts commis par les infiltrations dans la briqueterie Sentis, il fallait y porter plus de 7000 mètres cubes de terre ; l'ordonnance et le rapport ont été signifiés au préfet, qui a émis appel et présenté devant la cour un déclinatoire par l'organe du ministère public. Arrêt de la cour royale de Toulouse, deuxième chambre, du 24 février 1844, qui renvoie devant les tribunaux administratifs, parce que les dommages causés n'étaient que des dommages temporaires.

**67.** Passons à l'indication de la jurisprudence du conseil d'État depuis 1820, seulement, pour ne pas multiplier inutilement les espèces.

*Première Espèce.* — Ordonnance du 23 janvier 1820, au rapport de M. de Bellisle, affaire Albitte. L'administration avait établi une machine pour l'école des arts et métiers, et pour mettre cette machine en mouvement, elle avait détourné les eaux d'un moulin ; il y eut une demande en indemnité de la part du propriétaire du moulin à raison de ce fait, et l'ordonnance sus-indiquée décida que le règlement de cette indemnité appartenait aux tribunaux administratifs.

2e. — Ordonnance du 12 mai 1820, au rapport de M. Maillard, sur l'avis du conseil d'État du 4 mai, dans l'affaire Mousseron, contre Pinguet, jugeant que la loi du 28 pluviôse an VIII, attribuant aux conseils de préfecture le règlement de l'indemnité due pour terrains fouillés, n'a point été rapportée par la loi du 8 mars 1810, qui renvoie devant les tribunaux civils le règlement de l'indemnité due à raison d'une expropriation pour cause d'utilité publique.

3e. — Même décision dans l'affaire Reynaud, jugée par ordonnance du 6 décembre 1820, rendue sur l'avis du conseil d'État du 30 novembre et au rapport de M. Jauffret.

4e. — Un mur de clôture ayant été renversé à la suite des travaux entrepris sur la route de Castres à Gaillac, il a été jugé, par ordonnance du 24 octobre 1821, au rapport de M. de Coïmenin, que le conseil de préfecture était seul compétent pour régler l'indemnité provenant de ce fait (Affaire Thomas).

5e. — L'ordonnance du 22 janvier 1823, au rapport de M. Tarbé, affaire Gourgues et consorts, porte : « Attendu qu'il s'agit dans l'espèce, d'apprécier les effets et les conséquences d'un travail d'utilité publique entrepris sur un fleuve qui fait partie du domaine de l'État, laquelle entreprise ne nécessite pas une expropriation forcée; qu'ainsi il n'y a pas lieu d'invoquer l'application de la loi du 8 mars 1810, ni le renvoi de la demande devant l'autorité judiciaire.

« Considérant qu'il s'agit seulement de dépréciation ou dommages qui ne peuvent être constatés et évalués que conformément aux dispositions prescrites par la loi du 16 septembre 1807. »

Or, ces dommages résultaient de l'établissement par l'administration, d'une digue sur la Garonne, qui empêchait à la fois l'exploitation par bâteau et l'écoulement des eaux des terres environnantes, et pour ce dernier fait causait à ces terres un préjudice considérable.

6e. — Ordonnance du 13 août 1823, qui reconnaît la compétence des tribunaux administratifs pour régler l'indemnité due pour les dommages provenant du fait personnel des entrepreneurs de travaux publics (Affaire Roux).

7e. — Cette compétence a été reconnue pour l'appréciation des dommages que la construction vicieuse d'un pont causait aux riverains d'un canal. Ord. du 27 août 1833 (Morot).

8e. — Jugé d'une manière générale : « que les réclamations d'un particulier contre un entrepreneur de travaux publics pour cause de dommages provenant du fait de cet entrepreneur, sont comprises dans les attributions des conseils de préfecture. » 4 février 1824 (Rey).

9e. — Les travaux entrepris sur la Somme ont causé un préjudice au sieur Lefebvre et autres propriétaires de moulins, qui portent leurs demandes en indemnité devant les tribunaux civils; mais le conflit ayant été élevé, est maintenu par ordonnance du 24 mars 1824.

10e. — Sur une demande en indemnité, formée par d'autres propriétaires de moulins, à raison de ces mêmes travaux, il intervient, le 7 avril 1824, une ordonnance semblable (Affaire Leroy).

11e. — Divers propriétaires, voisins du canal de l'Ourcq, demandent des indemnités, sous prétexte que les travaux du canal ont été la cause que leurs puits se sont écroulés. Ord. du 12 mai 1824, sur appel d'un arrêté du conseil de préfecture qui, re-

tenant la connaissance de la contestation, rejette
la demande.

12e.—Ordonnance du 4 août 1824, au rapport
de M. de Cormenin, qui déboute le sieur Goutte-
noire d'une demande en indemnité pour réparation des dommages causés à sa maison, à la suite
de l'exécution d'une route départementale.

13e et 14e. — Jugé d'une manière générale par
les ordonnances des 16 février 1825 (Romieu), et
4 mai 1825 (Freynet), que lorsqu'il s'agit de dommages imputés à un entrepreneur de travaux publics, aux termes de la loi de pluviôse an VIII, l'autorité administrative est seule compétente pour en
connaître.

15e. — Des travaux de redressement de la rivière de la Scarpe, entrepris postérieurement à la
loi de 1810, ayant enlevé la force motrice d'une
usine, une ordonnance du 17 août 1825, au rapport de M. Tarbé ( aff. Manisse ), décida que le
jugement de l'indemnité due pour la dépossession
du moteur , devait être fait par les tribunaux
civils.

16e. — L'ordonnance du 19 octobre 1825, affaire Goblet, au rapport de M. de Villebois, reconnaît que les indemnités pour privation momentanée de passage, perte de récoltes et toutes
celles dues pour autres causes que l'expropriation

du fonds, doivent être réglées par les tribunaux administratifs.

17ᵉ et 18ᵉ. — Les travaux du canal de l'Ourcq ayant été entrepris avant la loi de 1810, le préjudice résultant de l'inaction d'un moulin à la suite de ces travaux et de privation de jouissance, sont du ressort des tribunaux administratifs. Ord. 17 août 1825 (Legueré), 19 oct. 1825 (d'Hautefeuille); rapport de M. de Villebois.

19ᵉ, 20ᵉ, 21ᵉ et 22ᵉ. — A la même date du 29 octobre, trois ordonnances ( Moustier, Magne et Meynard) reconnaissent d'une manière générale que lorsqu'il s'agit « de demandes en dommages et intérêts, formées par un propriétaire contre un entrepreneur de travaux publics, à raison des torts et dommages provenant du fait personnel de cet entrepreneur, la connaissance des contestations de cette nature appartient au conseil de préfecture. » *Sic,* 16 nov. 1825 (Boutig).

23ᵉ. — L'exécution des travaux du canal de Sainte-Marie ( canal souterrain de Saint-Maur) a eu pour résultat de diminuer la force motrice du moulin du sieur Delorme; le conseil d'État, sur le motif que l'exécution de ces travaux a été ordonnée par décret du 29 mars 1809, et que le décret de 1810 a renvoyé le règlement des indemnités auxquelles ces travaux pourraient don-

ner lieu à l'autorité administrative, renvoie Delorme devant le conseil de préfecture. Ord. du 16
septembre, rapport de M. Tarbé.

24ᵉ. — M. Laget Levieux se plaignait des torts
et dommages qui lui avaient été causés par des
travaux d'exhaussement de route; il réclamait en
outre de nouveaux moyens d'arrosage, prétextant
que la disposition nouvelle des lieux ne lui per-
mettrait plus d'user des anciens, et il réclamait le
prix d'un mètre de terrain. Le conseil d'État, en
retenant pour les tribunaux administratifs la connaissance du premier chef, renvoie, par son ordonnance du 26 décembre 1826, aux tribunaux
ordinaires la connaissance des deux autres.

25ᵉ, 26ᵉ, 27ᵉ et 28ᵉ. — Les ordonnances des 7
juin 1826, 28 août et 24 octobre 1827 (Diesse, Sa-
mier, Gayot; Bonniceau), les deux premières, au
rapport de M. Tarbé, les autres, de M. de Cormenin, ont de nouveau appliqué cette règle, que
l'indemnité due pour les torts et dommages faits
par les entrepreneurs de travaux publics, doit
être réglée par les tribunaux administratifs.

29ᵉ. — L'exécution du canal du Nivernais a in-
terrompu la jouissance du sieur Marcellot, fermier
d'un moulin; le conseil d'État, le 19 décembre
1827, au rapport de M. Tarbé, a jugé que le con-

seil de préfecture était seul compétent pour régler l'indemnité due à Marcellot.

30e. — Jugé le 4 mai 1828 dans l'affaire Honorez, au rapport de M. de Resseguier, que lorsque des dommages ont été causés par un entrepreneur de travaux publics, dans l'exécution de ces travaux, la connaissance des contestations auxquelles ils donnent lieu est du ressort des tribunaux administratifs.

31e. — Le sieur Bartier se plaint de ce que l'exhaussement des quais du canal Saint-Martin lui cause un préjudice, surtout à cause des éboulements qui en sont la suite. Ordonnance du 2 juillet 1828, au rapport de M. de Cormenin, qui reconnaît la compétence administrative.

32e. — Cette compétence est encore admise par ordonnance du 30 juillet 1828, dans une espèce où le sieur Bonsergent se plaignait des torts et dommages que lui causaient les terrassements nécessités par l'exécution du canal du Berry, « parce qu'il ne s'agissait pas, dans l'espèce, d'une indemnité réclamée comme prix d'un fonds dont l'expropriation aurait été ordonnée pour cause d'utilité publique. »

33e. — Les ponts et chaussées, en faisant les travaux nécessaires pour pouvoir ensemencer les Landes, ont enlevé des ajoncs et broussailles et commis d'autres dommages dont s'est plaint la compagnie des Landes; l'autorité administrative ayant revendiqué la connaissance de la difficulté pour les tribunaux administratifs, le conflit a été confirmé par ordonnance du 8 juillet 1838, au rapport de M. de Cormenin.

34e. — L'indemnité annuelle pour chômage, suite de l'exécution de travaux publics, doit être réglée par les tribunaux administratifs. Ordonnance 8 novembre 1829 (Divuy).

35e. — Un décret de 1807 a ordonné la reprise des travaux du canal de Bourgogne d'après les anciens plans; cette exécution a amené une diminution de force dans les moulins du sieur Léonard; l'origine des travaux remontant à une époque antérieure à 1810, le conseil d'État, par ordonnance du 22 novembre 1829, au rapport de M. Legrand, a décidé que l'indemnité due à ce sujet, devait être réglée par le conseil de préfecture.

36e. — Jugé par ordonnance du 3 juin 1831, affaire Magniez, au rapport de M. Tarbé de Vauxclairs, que l'indemnité due pour chômage d'une usine, occasionné par des travaux publics, doit être réglée par le conseil de préfecture.

37e. — Lorsqu'il s'agit de régler l'indemnité due pour dommages causés à une maison, par suite de remblais opérés sur une route départementale, les conseils de préfecture sont seuls compétents. Ord. 12 avril 1832, rapporteur, M. de Jouvencel, aff. Massip.

38ᵉ. — Jugé que l'autorité administrative est compétente pour statuer sur une demande en indemnité réclamée par des concessionnaires d'un ancien pont, à l'occasion de l'établissement d'un pont nouveau, parce qu'il s'agit de dommages résultant de l'exécution de travaux publics. Ord. du 8 novembre 1833, rapporteur, M. Macarel, affaire de la compagnie des trois ponts d'Austerlitz, des Arts et de la Cité.

39ᵉ. — Le conseil de préfecture est seul compétent pour régler l'indemnité due à cause d'un dommage temporaire, variable et discontinu, dont a souffert une usine, à la suite de l'exécution des travaux publics. Ord. 14 novembre 1833, M. Macarel, rapporteur, aff. Danglemont et consorts.

40ᵉ. — Le gouvernement ayant fait canaliser la rivière d'Erdre, supprima un pont situé près de la maison du sieur Imbert-Dubey, changea le nivellement du terrain devant cette maison et supprima le pavage. Citation fut donnée par le sieur Imbert devant le tribunal; le préfet élève le déclinatoire, il y est fait droit; mais sur l'appel, il est rejeté. Arrêté qui élève le conflit, et ordonnance du 30 mai 1834, au rapport de M. Macarel, confirmant le conflit: « attendu qu'il s'agit d'un dom-dommage causé par suite de travaux ordonnés par l'administration et exécutés sous sa surveillance. »

41ᵉ.— L'ouverture de l'écluse Gros-Jean, établie pour la navigation de l'Escaut, par suite de l'établissement du canal de Saint-Quentin, fait éprouver au sieur Cacheux un chômage quotidien à son moulin; demande en indemnité est formée par lui devant les tribunaux civils. Le conflit est élevé et confirmé par ordonnance du 7 novembre 1834, au rapport de M. Macarel, sur le motif que, soit qu'il s'agisse d'un dommage continu ou discontinu, l'autorité administrative est compétente: dans le second cas, aux termes de la loi du 16 septembre 1807; dans le premier, par application du décret du 18 août 1810; l'adoption du plan du canal de Saint-Quentin était antérieure à la loi du 8 mars 1810.

42ᵉ. — Mais le 18 avril 1835, le conseil d'État, dans l'affaire Dietsch, au rapport de M. Macarel, reconnaissait la compétence judiciaire, lorsqu'il s'agissait de régler l'indemnité due pour diminution permanente de la force motrice d'une usine, les travaux étant postérieurs à loi du 8 mars 1810.

43ᵉ. — Le gouvernement ayant changé le cours

de la Somme, il en est résulté que les eaux de la mer, qui n'ont plus rencontré une opposition utile, couvrent à chaque marée montante les fonds des anciens riverains de l'embouchure de la Somme, et causent des dommages à leurs propriétés. Le sieur Delatre, l'un de ces propriétaires, a assigné en condamnation le préfet devant les tribunaux civils, le déclinatoire proposé est rejeté; arrêté de conflit maintenu par ordonnance du 23 octobre 1835, au rapport de M. Vivien, sur le motif que ces travaux n'ont donné lieu à aucune expropriation totale ni partielle, et que toutes les actions en dommage, résultant de travaux publics, sont du ressort de la juridiction administrative.

44e. — Les travaux faits pour l'exécution du canal de Nantes à Brest, causent au sieur Nicol des dommages dont le conseil d'État renvoie la connaissance aux tribunaux administratifs, par ordonnance du 23 octobre 1835, au rapport de M. Vivien.

45e.— Jugé que les dommages occasionnés par des remblais qui ont élevé devant une maison le sol de la rue, donnent lieu à une indemnité dont le règlement est du ressort des tribunaux administratifs; 6 avril 1836 (Bois); rapport de M. de Luçay.

46e et 47e. — Les tribunaux administratifs sont compétents pour régler les dommages causés par les inondations, suites de travaux exécutés sur des rivières et les infiltrations d'un canal; 14 juin 1836 (Honorez), et 20 juillet 1836 (Morin).

48e. — Par l'ordonnance Klein, du 20 juillet 1836, le conseil d'État s'est déclaré compétent, alors qu'il s'agissait de statuer sur un dommage dont se plaignait le propriétaire d'un bief qui, lors du creusement du Rhône au Rhin, avait fait des pertes d'eau à cause de la nature perméable du sol.

49e. — Pour l'assainissement de la route royale de Paris au Hâvre, l'administration des ponts et chaussées avait fait creuser une rigole, qui devait rester définitivement ouverte sur la propriété du sieur Ledos; demande en indemnité par ce propriétaire devant le tribunal civil; arrêté de conflit annulé par ordonnance du 5 septembre 1836, au rapport de M. Macarel, parce qu'il s'agissait d'une occupation ou d'une servitude indéfinie, qui n'était pas de la nature de celles à l'égard desquelles l'appréciation est attribuée aux conseils de préfecture par la loi du 16 septembre 1807.

50e. — Les travaux opérés sur la Loire ont rendu la propriété du sieur Vernay sujette aux inondations; c'est l'autorité administrative qui règlera l'indemnité qui peut lui être due; 16 nov. 1836; rapport de M. Vivien.

51e et 52e. — Ce sont ces tribunaux qui règleront également l'indemnité due au propriétaire d'une maison dont les abords ont été rendus difficiles par l'exécution de travaux publics; 16 nov. 1836 (Dubos); alors même que la maison aurait été en partie enfouie par des remblais; 22 février 1837 (Bruneau); rapport de M. Macarel.

53e. — Pour faciliter la navigation de la Garonne, l'État a fait des travaux à la suite desquels l'usine de M. Majouvel a été supprimée; la demande en indemnité de ce propriétaire devra être portée devant les tribunaux administratifs; 17 mai 1837; rapport de M. Macarel.

54e. — Le 28 juin 1837, ordonnance, au rapport de M. Quenault, dans l'affaire Laroque, jugeant que les conseils de préfecture doivent seuls connaître des indemnités réclamées, à raison de la confection vicieuse et dommageable des travaux publics.

55e. — Le même jour, autre ordonnance, au rapport de M. de Jouvencel, dans l'affaire entre la commune de Grigny et la compagnie du chemin de fer de St-Étienne, qui reconnaît encore que les conseils de préfecture sont seuls compétents pour statuer sur les dommages occasionnés par les travaux publics, même à cause de la salubrité et de la navigation ; dans cette affaire, à la suite des travaux faits par la compagnie, les eaux du Rhône ayant cessé d'entrer dans le bras de ce fleuve nommé Lône de Grigny, les eaux étaient devenues stagnantes, ce qui occasionnait des maladies; en outre, un port de déchargement avait été détruit.

56e.— A la suite de l'établissement du canal latéral de l'Oise, le sieur Boucher et autres propriétaires riverains se plaignirent de pertes ou dommages résultant de l'infiltration des eaux ; ils formèrent devant le tribunal une demande en indemnité, disant qu'il s'agissait d'un dommage permanent qui devait être assimilé à une véritable expropriation; sur l'arrêté de conflit est intervenu, le 4 juillet 1837, au rapport de M. Quenault, une ordonnance qui annule pour incompétence le jugement du tribunal de Compiègne, parce que l'appréciation de ces dommages et celle des mesures propres à les faire cesser et des indemnités auxquelles ils pouvaient donner lieu, appartenait à l'autorité administrative.

57e. — Le conseil d'État, par ordonnance du 19 août 1837, a renvoyé devant le conseil de préfecture le règlement de l'indemnité due au sieur Badin d'Hurtebise, par suite des travaux faits sur la rivière de l'Yonne pour le canal du Nivernais, qui avaient diminué la force motrice de son usine.

58e. — Ces mêmes travaux ont porté préjudice au sieur Coulon, propriétaire d'un îlot qui se trouve, par suite de leur exécution, envahi par les eaux. Ordonnance du 5 décembre 1837, au rapport de M. d'Haubersaërt, qui retient la matière pour les tribunaux administratifs.

59e. — « Quel que soit le dommage qu'ont occasionné les travaux ordonnés avant le 8 mars 1810, ces travaux ont continué d'être soumis aux règles établies par la loi du 16 septembre 1807, aux termes de laquelle toutes les demandes d'indemnité devaient être réglées par l'autorité administrative. » Ordonnance 21 décembre 1837 (Germani de la Chapelle); rapport de M. Vivien.

60e. — Dans l'affaire Rodet, une ordonnance royale, en date du 17 janvier 1838, au rapport de M. de Jouvencel, en reconnaissant que l'autorité administrative était incompétente pour statuer sur l'indemnité due à raison de terrains occupés pour l'établissement d'une route, a reconnu cette compétence lorsqu'il s'agissait de régler l'indemnité due pour le dommage causé à la propriété, par suite de l'exhaussement de la voie publique aux abords de cette propriété.

61e. — L'ordonnance du 14 avril 1838, au rapport de M. Vivien, dans l'affaire Marlet, contre le préfet de la Côte-d'Or, a sanctionné ce point constant en jurisprudence que l'indemnité due pour dommages occasionnés par des travaux entrepris avant la loi du 8 mars 1810, devait toujours être réglée par les tribunaux administratifs.

62ᵉ. — Le sieur Potier ayant cru que le concessionnaire des travaux de la Scarpe lui avait usurpé des terrains, et avait occasionné, par les travaux, des dommages au restant de sa propriété, forma une instance devant le tribunal civil. Le tribunal de Valenciennes, retenant la matière pour les terrains usurpés, renvoya pour les dommages devant l'autorité administrative ; le préfet croyant que le tout devait être renvoyé à cette autorité, éleva le conflit ; mais son arrêté fut annulé par ordonnance du 23 juillet 1838, au rapport de M. Vivien, sur le motif que s'agissant pour le premier point d'une question de propriété, la distinction faite par le tribunal était conforme à la loi.

63ᵉ. — Des travaux faits dans la ville de Lille, ont exhaussé le sol de la voie publique devant la demeure de Mme Delcambre ; cette dame porte une demande en indemnité devant les tribunaux civils, le préfet présente un déclinatoire, mais ce déclinatoire ayant été rejeté, il élève un conflit qui est confirmé par ordonnance du 20 février 1839, parce qu'il n'y avait point expropriation, prise d'une partie de la propriété, mais simple dommage.

64ᵉ. — L'ordonnance du 14 avril 1839, au rapport de M. Vivien, dans l'affaire Magnien, contre le préfet de la Nièvre, a été rendue dans les mêmes circonstances; elle a, par les mêmes motifs, renvoyé la connaissance de l'indemnité aux tribunaux administratifs. Il y a cinq décisions semblables, à la date du 23 juillet 1840, et au rapport de M. Bouchené-Lefer.

65ᵉ. — Le sieur Perpezat, au lieu de se plaindre de l'exhaussement du sol devant sa propriété, se plaignait de son abaissement, et avait formé une demande devant le tribunaux civils, qui l'accueillirent ; le conflit élevé, fut confirmé par ordonnance du 6 novembre 1839, au rapport de M. Boulatignier, sur le motif qu'il n'y avait eu expropriation d'aucune partie de la propriété, mais seulement dommage causé par l'exécution des travaux de la route de Bordeaux à Montauban.

66ᵉ. — Les travaux entrepris pour l'établissement du canal du Nivernais, ont occasionné une surélévation des eaux du Beuvron, et porté un préjudice à l'usine de la dame de Boisredon, établie sur ce cours d'eau ; cette dame investit de sa demande les tribunaux civils qui se déclarèrent compétents; mais le conflit élevé par le préfet de la Nièvre fut maintenu par ordonnance du 14 avril 1839, au rapport de M. Vivien.

67°. — L'administration des ponts et chaussées, dans l'intérêt de la navigation, fit faire l'extraction d'un îlot sis dans le Rhône, dont le sieur Blachier se prétendait propriétaire; sur la demande du sieur Blachier, le conseil de préfecture fixa une indemnité; ce propriétaire, ne la trouvant pas suffisante, se pourvut en conseil d'État, demandant l'annulation de l'arrêté du conseil de préfecture pour incompétence; ordonnance du 3 mai 1839 qui, au rapport de M. Reverchon, accueille ces fins, parce que cette destruction constituant une expropriation pour cause d'utilité publique, le règlement de l'indemnité devait être fait conformément à la loi du 7 juillet 1833.

68° et 69°. — Les conseils de préfecture sont compétents pour régler les indemnités dues pour expropriations et dommages, à raison des travaux décrétés avant la loi du 8 mars 1810, alors même que la prise de possession du terrain a eu lieu postérieurement. Affaire Culmet, du 21 juillet 1839, et aff. Soulhat, du 8 septembre 1839.

70°. — Le sieur Jardin se plaint devant les tribunaux civils de dommages résultant de travaux de pavage qui causent l'inondation de la maison par lui louée; le déclinatoire ayant été rejeté, le préfet élève le conflit, il est confirmé par ordonnance du 2 septembre 1840, au rapport de d'Haubersaërt.

71ᵉ et 72ᵉ. — Jugé en faveur de la compétence administrative, au rapport de M. d'Haubersaërt, pour le règlement de l'indemnité due au sieur Jacques, à raison de l'élévation de la voie publique devant sa maison (Ord. 10 décembre 1840), et pour celle due au sieur Bayle, sur le même motif, par ordonnance du 25 décembre 1840.

73ᵉ et 74ᵉ. — Jugé de même pour dommages résultant de l'abaissement de la voie publique (Ord. 24 février 1842, rapport. M. Montaud, aff. Mallet), et pour ceux résultant de l'exhaussement entraînant la suppression de jours et issues (Ord. 15 juin 1842, aff. Phalipeau).

75ᵉ. — Les travaux effectués sur le canal de jonction de la Sambre à l'Oise, causant une diminution à la force motrice du moulin du sieur Mocquet, celui-ci a investi les tribunaux civils d'une demande en indemnité; mais le conflit ayant été élevé, a été confirmé par ordonnance du 30 mars 1842, au rapport de M. d'Haubersaërt.

76ᵉ. — Par suite du pavage du boulevard Mont-Parnasse, à Paris, la maison du sieur Perrachon se trouve ébranlée dans ses fondations, et son propriétaire est dans la nécessité de reconstruire en entier un mur; l'autorité administrative ayant revendiqué la connaissance des dommages réclamés par le sieur Perrachon, le conseil d'État, par ordonnance du 22 avril 1842, au rapport de M. Mottet, fit droit à ces prétentions.

77ᵉ, 78ᵉ et 79ᵉ. — A la suite de la construction du canal de Roanne, à Digoin, creusé en partie dans les propriétés de M. de Chavagnac, celui-ci s'est plaint d'infiltrations lui causant un dommage; le déclinatoire présenté par le préfet devant les tribunaux fut repoussé, sur le motif que le dommage était permanent et perpétuel, le préfet éleva le conflit, qui fut confirmé par ordonnance du 26 mai 1842, au rapport de M. Mottet, sur le motif que les dommages procédaient du fait d'un entrepreneur de travaux publics, agissant pour compte de l'administration. Même décision dans l'affaire Desfourniers. Ord. 29 juin 1842, et celle Lamy, du même jour.

80ᵉ — Le sieur Devienne-Duflot, se plaignant de ce que, à la suite des travaux de jonction de la Sambre à l'Oise, on avait diminué la force motrice de son usine, porta sa demande en indemnité devant les tribunaux civils, qui retinrent la matière; un arrêté de conflit fut élevé, et une ordonnance du 8 juin 1842, au rapport de M. d'Haubersaërt, le confirma sur le motif : « que bien que les ouvrages d'art effectués avec l'autorisation du gouvernement par les concessionnaires du canal de jonction de la Sambre à l'Oise, soient des ouvrages permanents, au moyen desquels l'administration règle les prises d'eau dudit canal, que cependant l'ensemble des travaux à faire pour alimenter ledit canal, n'est pas encore arrêté par l'administration, puisqu'elle s'occupe de la construction d'autres ouvrages, avec le secours desquels elle allègue qu'elle pourra conserver à l'usine la force motrice dont elle jouissait avant la construction desdits ouvrages......... »

81ᵉ et 82ᵉ. — Les ordonnances des 9 mai 1841, aff. Aguado et 29 juin 1842, aff. Pruvost, contre les concessionnaires du canal de la Sambre et Oise, ont été rendues dans le même sens et dans les mêmes circonstances.

83ᵉ. — Un barrage, établi pour les besoins du canal du Centre, ayant exhaussé les eaux de l'étang Leduc, ces eaux ont inondé les terrains des héritiers Boch; le préfet ayant reconnu que ces terrains devaient être acquis par l'État, il est intervenu, le 25 août 1841, au rapport de M. Bouchené-Lefer, une ordonnance qui renvoie le règlement de l'indemnité à l'autorité judiciaire, et ce, aux termes des lois des 8 mars 1810 et 7 juillet 1833.

84ᵉ. — Ensuite de l'exécution du chemin de fer de Montpellier, des fossés, établis pour l'écoulement des eaux pluviales aux abords de la propriété Baguet, ont été supprimés, et les eaux pluviales, en séjournant, causent un dommage dont le sieur Baguet a demandé la réparation devant les tribunaux civils; ceux-ci s'étant déclarés compétents, le préfet a élevé le conflit qui a été confirmé par ordonnance du 2 juin 1843, au rapport de M. Germain.

85ᵉ. — Le sieur Joubert se plaignait non de dommages causés par la suppression entière de l'écoulement des eaux, mais par l'insuffisance des ponceaux construits sous une route pour rétablir cet écoulement; l'autorité judiciaire, s'étant déclarée compétente, un conflit fut élevé et il fut confirmé par ordonnance du 2 juin 1843, au rapport de M. Germain.

86ᵉ. — L'administration ayant exhaussé le sol de la voie publique dans une rue de Courbevoie, l'accès d'une propriété appartenant au général Chameau a été rendu plus difficile; celui-ci a alors formé une demande en indemnité devant le tribunal de la Seine, puis devant la cour de Paris, qui ont rejeté le déclinatoire proposé par le préfet; le conflit fut élevé et il fut accueilli par ordonnance du 28 mars 1843, au rapport de M. Mottet.

87ᵉ. — Sur le rapport de ce même conseiller d'État, il a été reconnu, par ordonnance du 6 septembre 1843, que les dommages causés par des travaux de nivellement et de pavage qui ont abaissé le sol d'une rue de plusieurs mètres, devaient être réglés par l'autorité administrative ( Lamothe, contre la ville de Nantes).

88ᵉ. — Le sieur Gaudin a établi des baraques et constructions sur un terrain appartenant aux hospices de Lyon ; partie de ces terrains était nécessaire pour l'élargissement du chemin dit des Étroits ; les hospices cèdent gratuitement ces terrains, mais le sieur Gaudin demande une indemnité pour la démolition des baraques et constructions qu'entraîne cette cession. Les tribunaux retiennent la matière ; conflit maintenu par ordonnance du 6 septembre 1843, au rapport de M. Germain.

89ᵉ et 90ᵉ. — Pour l'établissement du chemin de fer de Nîmes à Montpellier, on a fait devant la maison du sieur Daube un remblai qui, s'élevant à la hauteur de 6 mètres, supprime les jours du rez-de-chaussée et du premier étage ; 2° retréci un fossé servant à l'écoulement des eaux pluviales et rend cet écoulement plus difficile. La question est portée par le demandeur devant les tribunaux civils qui se déclarent compétents sur le premier chef. Le préfet élève le conflit, et sur le rapport de M. Boulatignier, intervient, le 12 janvier 1844, une ordonnance qui maintient le conflit. Même jour, même décision dans l'affaire Lanfried (1).

**68.** De cet exposé de la jurisprudence civile et administrative, il résulte, selon nous, une différence bien grande entre la marche des deux juridictions ; et ce qui suffit pour l'établir, c'est que dans les espèces que nous avons citées, sont intervenues des ordonnances qui ont, presque toutes, renvoyé sur conflit la matière devant les tribunaux administratifs, alors que les tribunaux civils s'étaient déjà déclarés compétents et avaient, malgré les déclinatoires proposés, retenu la connaissance du litige.

Les consciencieux continuateurs de Sirey, disent bien, dans leurs annotations, que le conseil d'État et la cour de cassation, sont d'accord pour distinguer la compétence, suivant qu'il s'agit de dommages permanents ou de dommages temporaires ; cette observation est un peu hasardée. Il est vrai que dans certains cas où il n'y avait que des dommages temporaires, les tribunaux admi-

(1) Voyez en outre toutes les ordonnances citées ci-dessus dans les notes se rapportant au n° 57.

nistratifs ont donné cette circonstance pour motif de leur décision; mais il serait inexact d'en conclure que dans le cas où les dommages sont permanents, ils se sont désinvestis, car, s'ils ont quelquefois renvoyé devant les tribunaux civils la connaissance de l'indemnité due pour diminution de la force motrice d'une usine, d'autres fois ils ont retenu la matière, et ils se sont toujours reconnus seuls juges du règlement de l'indemnité due à raison des dommages causés par suite de l'exhaussement ou de l'abaissement du sol dans une rue; et certes, il est impossible de refuser à un pareil dommage un caractère de permanence. D'ailleurs, comme nous l'avons remarqué, les ordonnances du conseil d'État sont toutes intervenues à la suite des arrêtés de conflits, ce qui indique bien qu'il y a différence entière dans la marche des deux juridictions.

Par le fait des conflits, la contestation étant amenée devant le conseil d'État, et celui-ci jugeant en dernier ressort, l'autorité administrative finit toujours par avoir raison, et on laisse peu souvent intervenir la cour de cassation, ce qui attribue une plus grande force pratique à la jurisprudence administrative qu'à la jurisprudence civile.

Nous reviendrons dans le cours de la discussion

sur la jurisprudence; examinons quelle est la doctrine, ce sera un nouvel élément qui nous servira pour arriver à une conclusion mûre et fondée.

**69.** M. Cotelle, dans son *Cours de droit Administratif appliqué aux travaux publics*, a écrit un très bon paragraphe à ce sujet; mais ce travail d'étude où sont analysées avec soin et savoir la législation et la jurisprudence, manque de conclusions; on y retrouve plus de traces des conflits qui séparent l'autorité administrative et l'autorité judiciaire, qu'un système et des règles, défaut, si c'en est un ici, presque inhérent à ces matières. Toutefois, M. Cotelle nous paraît distinguer entre les dommages temporaires et les dommages permanents; mais quand devra-t-on considérer le dommage comme temporaire, quand devra-t-on le considérer comme permanent? Seconde difficulté que la distinction établie pour applanir la première, est loin de résoudre.

M. Chauveau, dans ses *Principes de Compétence et de Juridiction administratives*, n'attribue aux tribunaux administratifs que le règlement de l'indemnité due pour dommages temporaires (1).

M. Gand, dans son *Traité sur l'Expropriation*, après avoir exposé le système du conseil d'État et

(1) Nos 619 et suiv., 1311 et suiv.

de la cour de cassation, adopte ce dernier, c'est-à-dire, distingue, pour les attributions de juridiction, entre les dommages d'une nature permanente et les dommages temporaires, variables, discontinus, n'affectant que momentanément la jouissance de la chose. Cependant M. Gand dit (1): « Mais nous croyons que le meilleur conseil à donner aux parties demanderesses, dans l'état actuel de la jurisprudence, est de s'adresser aux conseils de préfecture pour toute espèce de dommages résultant de travaux publics exécutés par l'administration, lorsque le fait préjudiciable ne consistera pas en la dépossession d'une fraction matérielle de leurs fonds. » M. Gand se hâte d'ajouter, que c'est là son opinion pratique, et que pour la question examinée sous le point de vue théorique, il s'en réfère à l'opinion exprimée dans le texte, où il distingue les dommages permanents des dommages temporaires.

M. de Lalleau (2), d'après les arrêts du conseil, semble indiquer que pour les faits connexes à l'expropriation, le jury est compétent, et pour les faits qui en sont indépendants, l'autorité administrative peut seule en connaître. Cette distinction est si peu satisfaisante, que M. de Lalleau s'em-

(1) *Notes*, note 224.
(2) *Traité de l'expropriation pour cause d'utilité publique*, n° 428.

presse d'ajouter qu'elle est difficile à appliquer aux faits de chaque affaire.

MM. de Caudaveine et Thery (1), disent : « La compétence du conseil de préfecture s'étend à tous les dommages causés par un entrepreneur à raison des travaux qu'il exécute. » Ce sont là, il est impossible de ne pas l'avouer, des termes bien généraux ; mais comme il ne résulte pas de ce qui précède dans l'ouvrage de MM. de Caudaveine et Thery, qu'ils aient voulu aborder les difficultés qui nous occupent, ce serait peut-être leur faire dire plus qu'ils n'ont voulu, en concluant de là qu'ils ont reconnu les tribunaux administratifs, comme juges de toutes les indemnités dues à l'occasion de dommages causés par l'exécution des travaux publics, quels que fussent le caractère et la nature de ces dommages.

D'après M. Foucart (2), « la loi du 7 juillet 1833, remplace celle du 8 mars 1810 ; elle n'est relative, comme elle, qu'à l'expropriation, c'est-à-dire, à l'enlèvement de la propriété de tout ou de partie d'un immeuble dans l'intérêt public et aux dommages qui en sont la suite *pour le propriétaire exproprié.* Quant aux simples détériorations, aux

(1) *Idem*, n° 572.
(2) *Éléments de droit public et adm.*, éd. 1859, t. i, n° 568.

dommages, aux diminutions de jouissance, aux
servitudes même qui altèrent sans doute le droit
de propriété, mais qui ne l'enlèvent pas entièrement, il faut avoir recours aux lois spéciales qui
règlent ces différentes matières. D'un autre côté,
toutes les fois qu'il y a expropriation complète,
c'est la loi du 7 juillet 1833 que l'on applique, à
moins qu'il n'y soit dérogé en tout ou en partie par
une loi spéciale. »

« Les conseils de préfecture, dit M. Dubois
de Niermont, connaissent généralement de toutes
demandes en indemnité pour dommages causés,
par l'exécution de travaux faits par l'administration, fondées par exemple sur la suppression
d'un pont, sur le défaut de nivellement des terrains, sur le défaut de pavage, sur l'exhaussement
du sol devant la propriété d'un particulier, alors
même que ledit exhaussement aurait eu pour effet
d'obstruer complètement l'issue des maisons; sur
l'engorgement d'un moulin et l'inondation des
prés d'un particulier par suite de travaux faits
à un canal; sur l'infiltration des eaux dans les propriétés riveraines; sur l'exhaussement de la rampe
d'un pont; sur le tracé d'une route et les autres
faits analogues. »

M. Favard de Langlade (1) se montre également
favorable à la compétence administrative.

« La jurisprudence du conseil d'État, d'après
M. Serrigny, n° 587 et suiv., est formelle pour attribuer aux conseils de préfecture la compétence
pour les dommages temporaires ou permanents.
Ce système me paraît plus simple que celui des
cours et plus conforme au texte de la loi. »

M. de Cormenin dit, du principe : Que c'est au
conseil de préfecture que tout contentieux de la
matière appartient; il suit : qu'ils ont à statuer,
sauf recours au conseil d'État, sur les réclamations
des particuliers qui se plaindraient de torts et
dommages procédant du fait personnel des entrepreneurs de travaux publics (2), parce qu'il s'agit
de l'appréciation d'actes administratifs; sur le règlement des indemnités qui peuvent être dues par
l'administration à des tiers par suite de l'exécution
ou de la conservation des travaux publics (3); sur
le règlement des indemnités dues à raison des enlèvements de propriétés causés par l'exécution de
travaux publics entrepris sous le régime de la loi
du 16 septembre 1807 (4).

---

(1) *Répert. de Jurisp.*, v° exprop. pour cause d'util. publ., n°ˢ 13
et 16.
(2) *Droit adm.*, v° trav. publics, § 2, n° 23.
(3) *Idem*, § 2, n° 24.
(4) *Idem*, § 2, n° 35. Voy. encore dans les *Annales des ponts et*

Or, que résulte-t-il de l'indication de cette doctrine ? Des incertitudes, des doutes et des tâtonnements chez les auteurs qui se sont livrés à un travail d'examen et d'analyse. Quant à ceux qui ont plus particulièrement suivi la voie synthétique, qui ont plutôt cherché à codifier le droit administratif qu'à le commenter et le développer, ils ont tous, à l'exception de M. Chauveau, formellement reconnu la compétence administrative pour le règlement des dommages, quel que fût leur caractère, pourvu qu'ils fussent le résultat de l'exécution des travaux publics.

**70.** Nous nous en tenons à ces derniers errements, et nous croyons que c'est ici le lieu d'énoncer notre opinion, pour la justifier ensuite.

L'exécution des travaux publics entraîne, pour la propriété privée, deux charges principales :

Dans certains cas, elle nécessite l'occupation définitive de cette propriété pour y établir les

---

*chaussées,* divers articles relatifs à ces matières, et surtout la *Dissertation* de MM. Julien et Léon, ingénieurs, années 1837 et 1838. Dans la nouvelle édit. de Dubreuil, Aix, 1842, les auteurs du supplément ont occasion de poser la question suivante : « L'appréciation d'un dom-« mage résultant de travaux publics et constituant une dépréciation « absolue et perpétuelle de la propriété, rentre-t-elle dans les attri-« butions des conseils de préfecture? » Après avoir examiné la juris-prudence de la cour de cassation, ils répondent, supplément, n° 370 : « Quoiqu'il en soit, le conseil d'État a, par une jurisprudence cons-« tante, adopté le principe de la compétence administrative, et son « opinion, quoique moins libérale que celle des cours royales, est « peut-être plus en harmonie avec les prescriptions de la loi. »

travaux, et alors on dépouille le propriétaire de sa chose, de son fonds, pour en faire passer la propriété à l'administration; il y a lieu à exproprier le propriétaire pour cause d'utilité publique.

Dans d'autres cas, elle n'exige pas que le propriétaire soit désinvesti, pour investir l'administration, elle fait éprouver seulement à la propriété privée, qui ne change pas de possesseur, des dommages plus ou moins longs, plus ou moins graves, plus ou moins durables.

Dans les premiers cas, il y a expropriation.

Dans les autres, il y a dommages.

Lorsqu'il s'agit d'expropriation, s'il s'élève des contestations pour le règlement de l'indemnité, la connaissance en appartient au jury d'expropriation, qui fixe la somme à payer par l'administration avant la prise de possession au propriétaire dépossédé, c'est là un premier point aussi incontestable que l'existence de la loi du 3 mai 1841, sur l'expropriation pour cause d'utilité publique.

S'il y a dommages causés sans changement de propriétaire, le règlement de l'indemnité doit être fait par les tribunaux administratifs.

C'est ce qu'il faut démontrer.

Écartons d'abord de la discussion un premier point qui se rattache à une question transitoire: c'est que pour les travaux entrepris avant la loi de

1810 sur l'expropriation, il n'y a aucun doute relativement à cette compétence, car il est reconnu par tous, auteurs (1) et tribunaux (2), que dans ce cas, la juridiction administrative est compétente, même pour régler le prix des terrains pris ; passons donc.

Sous l'empire des lois des 6 et 7 septembre 1790, art. 4, 22 pluviôse an VIII, art. 4, et 16 septembre 1807, les tribunaux administratifs étaient seuls compétents pour régler l'indemnité due à des propriétaires, lorsqu'à l'occasion des travaux publics, ces propriétaires éprouvaient des dommages quelconques et même étaient dépouillés de leurs propriétés, lorsqu'on leur *prenait* leur terrain, ce sont les termes de ces lois; c'est là un point incontestable et ce serait chose au moins inutile que d'essayer de le prouver, puisque personne ne l'a mis en doute.

Qu'il nous suffise de citer les expressions formelles de l'orateur du gouvernement, dans l'exposé des motifs de la loi de 1807, elles nous serviront à constater l'état de la législation à cette époque.

(1) Parmi lesquels Foucart, t. 1, n° 533 ; de Cormenin, v° trav. publ., § 2, n° 35, *Contra* ; Serrigny, n° 596.

(2) Voyez les espèces ci-dessus citées ; cass., 13 nov. 1836, et les ordonnances des 7 nov. 1834, 8 février 1838.

« L'action des tribunaux qui ne procèdent qu'avec des formes sages et lentes, nécessaires lorsque des intérêts privés sont soumis à l'examen et à la décision des corps judiciaires, ne saurait convenir, lorsqu'il s'agit de travaux presque toujours urgents et dont les dégradations doivent être sur-le-champ réparées ; *il était donc convenable de ne laisser aucun doute sur la compétence administrative dans tous les cas de travaux publics ou de travaux de desséchement.* »

M. Riboud, au nom de la commission de législation, après avoir retracé l'économie de la loi de 1807, disait, dans l'exposé des motifs de celle de 1810 : « Vous voyez, messieurs, que par ces diverses lois, tout est régi et décidé administrativement ; d'où il suit que *les tribunaux n'ont eu jusqu'ici aucun droit de connaître de ces matières sous quelque rapport et dans quelque cas que ce soit.* »

De sorte que sous ces lois l'administration avait le droit de s'emparer même d'une propriété privée et le propriétaire ne pouvait réclamer d'indemnité que celle que lui allouaient les tribunaux administratifs. De cet état de choses résultait, comme le dit M. Riboud, le danger de froisser les intérêts particuliers, en ne donnant pas assez de latitude aux réclamations, ou l'intérêt public, en l'exposant quelquefois à l'influence de considérations particulières ou de l'intervention d'agents secondaires; des inconvénients même plus graves pouvaient s'ensuivre, ils frappèrent l'Empereur qui, lors de la discussion de la loi de 1810, disait :

« Dans l'état actuel des choses, un simple ingénieur est seul juge de la nécessité d'exproprier, il a donc le pouvoir immense de prendre la propriété de qui il lui plaît. » Et plus bas : « Il ne convient pas de souffrir plus longtemps que l'expropriation s'opère sur la seule indication d'un ingénieur (1). » Le même esprit avait dicté les notes envoyées de Schœnbrunn sur cette loi : « Le mode actuel, y lisons-nous, ébranle toutes les propriétés, car ce ne sont pas seulement les ingénieurs des ponts et chaussées qui peuvent à leur gré déposséder un propriétaire; après eux vient le génie, l'artillerie; enfin, de tous côtés, les droits des propriétaires sont violés (2). »

Et ailleurs: « Un directeur, un préfet, n'auront plus la faculté d'exproprier pour exécuter, sous prétexte d'utilité publique, des travaux qui ne servent qu'à leur utilité et leur commodité personnelle (3). »

(1) Locré, t. IX, p. 674.
(2) *Idem*, p. 676.
(3) *Idem*, p. 676.

C'est dans un double but que nous avons cité les paroles du chef de l'État en 1810, car en même temps qu'elles font connaître le pouvoir exhorbitant de l'administration à cette époque, elles dénoncent l'objet de la loi de 1810.

D'après elle, les tribunaux seuls pouvaient prononcer l'expropriation, lorsque le propriétaire refusait de céder des terrains nécessaires pour l'établissement d'un travail public; les tribunaux étaient également seuls compétents pour régler l'indemnité due à raison de cette dépossession; mais, comme l'observait M. Berlier, cette loi n'est relative qu'aux expropriations pour cause d'utilité publique, et il ne faudrait pas donner une extension illégale à la concession faite par le gouvernement d'alors à la propriété privée.

Sous cette loi, l'administration ne put plus prononcer de sa propre autorité l'expropriation, s'emparer des terrains sans jugement, fixer elle-même l'indemnité due à raison de cette dépossession; ce fut là une grave atteinte portée à son pouvoir, hâtons-nous d'ajouter, ce n'était que justice; mais étendre ailleurs qu'aux terrains dont le propriétaire devait être désinvesti, qui devaient être cédés à l'État pour être définitivement occupés par les travaux publics, ces règles de la loi de 1810, c'était méconnaître le but de cette loi, en violer l'esprit et la lettre.

Sous la loi de 1810, l'autorité administrative est restée juge de la fixation de l'indemnité due pour tous les dommages causés à la suite de l'exécution des travaux publics, quels que fussent leur caractère et leur nature. L'autorité judiciaire ne devait intervenir que lorsqu'il y avait changement de propriétaire ; lorsque la propriété privée devait être enlevée à son possesseur pour devenir la chose de l'État ; lorsqu'il y avait lieu à expropriation, c'est-à-dire, à l'aliénation forcée contre le détenteur au profit de l'État.

C'est ce que des auteurs aussi recommandables que MM. Foucart (1) et Proudhon entre autres, se sont empressés de reconnaître. On ne saurait trop recommander à ce sujet la savante dissertation de M. Proudhon, dans laquelle cet esprit si éminemment juste et droit, après avoir examiné tous les arguments des partisans de l'opinion contraire, les réfute en établissant victorieusement celle que nous défendons aujourd'hui (2).

Jusqu'à la loi de 1833, aucune loi nouvelle n'étant intervenue sur ces matières, cet état de choses a dû rester le même jusqu'alors.

A-t-il été changé par la loi de 1833 ?

(1) *Éléments de droit public*, t. 1, n° 568.
(2) Proudhon, *Domaine public*, n° 315 et suiv. Cela a été formellement reconnu par les ord. des 12 mai 1820 et 6 déc. de la même année.

M. Martin du Nord disait formellement, dans
son rapport à la chambre des députés, que la loi
de 1833 ne s'appliquait qu'à l'expropriation exclusivement, le reste demeurant régi par les anciennes
lois, « jusqu'à ce que des dispositions nouvelles,
spéciales, bien réfléchies, et bien coordonnées,
viennent les modifier. » Les anciennes lois, M.
Legrand, sous-secrétaire d'État aux travaux publics, les citait dans la discussion à la chambre des
députés; ce sont celles des 28 pluviôse an VIII et
16 septembre 1807, qui, disait-il : « suffisent à
nos besoins et ne lèsent pas les intérêts privés. »

D'ailleurs, tout dans la loi de 1833, esprit,
texte, discusssion, rapport, exposés de motifs, tout
prouve qu'on n'a pas eu pour but d'embrasser
d'autres matières que celles dont s'occupe la loi
de 1810, qu'il s'agissait de mettre en harmonie
avec nos besoins actuels. « La nouvelle loi de
1833, dit M. Cotelle (1), n'offre qu'un nouveau
règlement sur la procédure et n'établit pas un
droit nouveau dans les rapports de l'administration avec l'autorité judiciaire. »

Ce que M. Cotelle disait de la loi de 1833, s'applique également à la loi de 1841 ; de sorte que
nous sommes fondés à dire que pour les domma-

(1) *Cours de Droit adm.*, t. II, p. 471, n° 149 de l'éd. de 1839.

ges quelconques où il n'y a pas eu, à l'égard du propriétaire, désinvestissement de la propriété pour en investir l'administration, les règles de compétence sont, sous les lois de 1833 et 1841, ce qu'elles étaient sous celle de 1810, et que conformément à la loi de pluviôse an VIII et à la loi de 1807, les conseils de préfecture doivent être exclusivement appelés à connaître de l'indemnité due pour torts et dommages résultant de l'exécution des travaux publics.

Ainsi, d'après cet exposé de la législation, nous pouvons hardiment soutenir que la distinction : les dommages permanents et les dommages temporaires, est une distinction illégale, partant inadmissible. Les tribunaux qui font cette distinction et qui semblent l'avoir admise pour base de leurs décisions, ont tellement reconnu combien il était difficile de la fonder en droit, que dans certains cas ils n'ont pas cru pouvoir s'y arrêter. Ainsi, dans l'arrêt de Douai, du 25 mai 1835 (1), la cour royale s'est déclarée incompétente pour régler l'indemnité due pour destruction de clôture, abattis d'arbres; ainsi, surtout la cour de cassation elle-même, dans l'affaire Mériet (2), casse pour incom-

(1) *Suprà*, 5° espèce.
(2) *Suprà*, 6° espèce, arrêt du 20 août 1834,

pétence, un arrêt dans lequel l'autorité judiciaire s'était déclarée compétente. Or, savez-vous de quel dommage il s'agissait? Une chaussée mal construite s'était éboulée et avait fait du jardin de M. Mériet un amas de décombres; bien plus, la maison bâtie sur le jardin avait été détruite. Eh bien! lorsque, dans un cas pareil, la cour de cassation reconnaît l'autorité administrative comme seule compétente, ne peut-on pas affirmer qu'elle a renversé cette distinction qu'elle pose ailleurs entre les dommages; car enfin, si la démolition de la maison d'un propriétaire n'est qu'un dommage temporaire, que doit-on entendre par dommage permanent? Le plus souvent les tribunaux civils se sont déclarés compétents, parce que les dommages permanents emportent une modification ou altération de jouissance, et que le droit de propriété, impliquant la jouissance sans trouble, c'est porter atteinte à la propriété que de porter atteinte à la jouissance (1); mais observons que si c'est là le motif pour lequel les tribunaux civils sont compétents, ils doivent l'être également lorsqu'il s'agira de dommages temporaires; là aussi il y a altération de jouissance, trouble

(1) Cass., 23 avril 1838, 30 avril 1838; Lyon, 1er mars 1838; Lyon, 9 déc. 1840.

et modifications apportées à cette jouissance, tant pendant l'occupation que postérieurement; car enfin, ce n'est pas sans laisser des traces qu'on dépose des matériaux dans un champ, qu'on remplit de pierres un vignoble, qu'on enlève du sable et des pierres d'une propriété, etc. Ainsi ce motif doit être rejeté, car il va trop loin; il s'applique également à tous les dommages; il ne prouve rien lorsqu'il s'agit d'établir la distinction faite par les tribunaux civils.

Aussi, le conseil d'État, malgré quelques tâtonnements, a-t-il attribué généralement la connaissance de tous les dommages provenant de l'exécution des travaux publics à la juridiction administrative (1); ainsi il l'a déclaré seule compétente, notamment pour apprécier les dommages résultant

(1) Les tribunaux administratifs ont été jugés compétents pour statuer sur toutes les contestations, relativement aux indemnités autres que celles relatives à l'expropriation, par ord. du 19 oct. 1825; pour dommages causés par l'établissement d'un nouveau pont aux concessionnaires de l'ancien, 8 nov. 1833; pour dommages, suites du changement du nivellement et de la suppression du pavage, 30 mai 1834; pour dommages résultant de la confection vicieuse des travaux, 28 juin 1837; pour dommages résultant de la suppression d'une branche de rivière, à la suite de laquelle un port a été supprimé et des maladies se sont déclarées, 28 juin 1837; pour régler les pertes résultant de l'infiltration des eaux d'un canal, 4 juillet 1837; pour dommages causés par la suppression d'un fossé d'écoulement, 2 juin 1843; ou par leur changement et l'insuffisance des fossés établis, 2 juin 1843; pour connaître de la demande en indemnité formée à raison de la destruction, opérée par suite de travaux publics, de barrages et constructions établies par un locataire sur un terrain nécessaire à l'établissement des travaux, 6 sept. 1843.

de l'élévation ou de l'abaissement du sol devant
une maison, ce qui constitue réellement des dommages permanents (1); pour apprécier l'indemnité
due pour les inondations périodiques ou conti-
nuelles occasionnées par l'exécution des travaux
publics (2), pour régler le dommage résultant
du chômage d'une usine (3), même de la diminution de la force motrice (4); il est vrai que
pour ce dernier point il y a des décisions contraires (5), mais elles remontent à une époque
éloignée; et l'on peut dire que la distinction, établie par des tribunaux civils, entre les dommages
temporaires et les dommages permanents, distinction qui ne résulte point de la loi, n'est point
admise par le conseil d'État. Nous avons déjà
observé combien a de force et de pouvoir, en
pratique surtout, cette jurisprudence du conseil
d'État. En effet, lorsque malgré les déclinatoires
présentés devant les tribunaux civils, ceux-ci se

(1) Ord. 26 déc. 1826 ; 2 juillet 1828; 30 juillet 1828; 12 avril 1832 ;
6 avril 1836; 16 nov. 1836; 22 fév. 1837; 17 janv. 1838; 20 fév. 1839;
14 avril 1839 ; 6 nov. 1839; 10 et 25 déc. 1840 ; 24 fév. 1842; 22 avril
1842 ; 15 juin 1842; 28 mars 1843 ; 6 sept. 1843 ; 12 janv. 1844.
(2) Ord. 22 janv. 1823; 27 août 1823 ; 23 oct. 1835 ; 14 juin 1836 ;
20 juillet 1836; 16 nov. 1836; 5 déc. 1837; 2 sept. 1840 ; 26 mai 1842.
(3) Ord. 23 janv. 1820; 17 août 1825; 19 oct. 1825; 19 déc. 1827;
8 nov. 1829; 3 juin 1831 ; 14 nov. 1833.
(4) 23 janvier 1820; 24 mars 1824; 7 avril 1824; 6 sept. 1826; 22
nov. 1829; 20 juillet 1836; 17 mai 1837; 19 août 1837; 14 avril 1839;
9 mai 1841 ; 30 mars 1842; 8 et 29 juin 1842.
(5) 17 août 1825 ; 18 avril 1835.

déclarent compétents, le conflit établit desuite
une déviation qui investit le conseil d'État, au
lieu de la cour de cassation devant laquelle le
pourvoi aurait porté l'affaire, et lorsque le conseil
d'État est investi, il est indubitable que sa jurisprudence a raison, quelle que soit celle de la
cour de cassation.

Quant aux auteurs, nous en avons vu plusieurs
professer franchement l'opinion que nous adop-
tons, et parmi eux, MM. Dubois de Niermont,
Favart-Langlade, Foucart, de Cormenin (1); pour
ceux qui, s'écartant de cette marche franche et légale, sont tombés dans des distinctions, la difficulté devient insurmontable dans la pratique, les
contradictions et les incohérences naissent; ainsi
M. Gand, vous dit: en théorie, distinguez pour
la compétence les dommages permanents des
dommmages temporaires; et dans la pratique,
quels que soient ces dommages, adressez-vous
toujours aux tribunaux administratifs, comme si
les juridictions s'établissaient par l'usage et la pratique contrairement à la loi. M. de Lalleau, après
avoir posé des distinctions, se hâte d'ajouter que

_____

(1) Voyez encore l'*Essai sur la compétence de la juridiction administrative*, par M. Laferrière, *Revue de législation et de jurisprudence*,
janvier 1845, notamment pages 21 et 22.

l'application de son opinion aux faits de chaque affaire sera difficile à exécuter.

Comme si les juridictions changeaient suivant des détails de fait, lorsque la matière reste toujours la même ; comme si lorsqu'une juridiction exceptionnelle est créée pour vider les contestations naissant de l'exécution des travaux publics, on pouvait venir arrêter l'exercice de cette juridiction au moyen de quelques circonstances dans les faits qui peuvent influer sur les adjudications, mais qui sont insuffisantes pour faire varier les juridictions, changer les compétences. Nous ne saurions trop le répéter : le contentieux des travaux publics est, en règle générale, de la juridiction exceptionnelle des tribunaux administratifs, il n'en sort que lorsque des dispositions formelles de la loi l'en font sortir ; or, aucune loi ne distrait de la compétence administrative la fixation de l'indemnité due pour les dommages occasionnés par l'exécution des travaux publics, les lois existantes au contraire la lui conservent. Donc, toute distinction qui tend à modifier l'exercice des règles posées dans les lois de 1807 et de l'an VIII, est illégale et doit être repoussée. Le législateur seul peut changer ce qu'il a fait.

La matière reste la même ; c'est toujours de travaux publics qu'il s'agit.

Le fait est le même, ce sont des dommages résultant de l'exécution légale des travaux publics.

La nature de ce fait, son caractère sont les mêmes, les circonstances seules dans lesquelles il se produit changent; nous le répétons, cela doit influer sur les adjudications, non sur les juridictions.

Il est inutile de rappeler ici les règles de la séparation des pouvoirs judiciaire et administratif; nous les avons déjà bien souvent indiquées dans ces *Etudes*, ainsi que les raisons graves et puissantes qui ont fait placer sous la juridiction des conseils de préfecture, avec pourvoi au conseil d'État, tout le contentieux des travaux publics.

**71.** Du reste, les partisans de l'opinion contraire à celle que nous soutenons, reconnaissent que nulle part dans la loi, n'est écrite cette distinction entre les dommages temporaires et les dommages permanents; aussi M. Gand, déjà plusieurs fois cité, analysant la jurisprudence de la cour de cassation et celle du conseil d'État, est-il forcé de dire que cette dernière s'appuie sur le texte de la loi; il ajoute que la première s'appuie sur son esprit. Peut-on admettre ce dernier point, après avoir rappelé comme nous l'avons fait les motifs de la loi, tels que les a donnés le législateur lui-même?

Bien plus, les tribunaux civils qui ont admis,

pour déterminer les juridictions, une distinction
entre les dommages, ont tellement senti la difficulté de l'établir sur une disposition de la loi,
qu'ils ont fait sortir les dommages permanents de
la classe des dommages; ils ont gardé la matière,
non plus parce qu'il y avait dommage, mais parce
qu'il y avait expropriation.

Qu'est-ce que l'expropriation pour cause d'utilité publique ? M. de Lalleau nous dit : « C'est
l'aliénation forcée d'un immeuble destiné à des entreprises d'utilité publique (1). » Eh bien ! dans
tous les cas où l'établissement des travaux publics
sur un champ dont le propriétaire sera évincé ou
exproprié, causera un préjudice à l'héritage voisin,
qu'en résultera-t-il ? Un dommage pour cet héritage que l'État devra réparer ? Oui. Mais cet héritage
changera-t-il de maître, et y aura-t-il expropriation ? Non. Car enfin il y a une différence entre
l'état de cet immeuble exproprié dont le propriétaire est dépouillé, et la position du propriétaire
qui, restant maître de sa chose, n'éprouve qu'un
dommage par suite de l'exécution de travaux; et
si dans le premier cas on trouve les caractères
réels de l'expropriation, dans le second, on les
cherche en vain, on ne trouve qu'un dommage

_____

(1) *De l'Expropriation*, n° 12.

plus ou moins long et grave. Nous ne saurions trop le répéter : il n'y a pas mutation dans la propriété, et l'ancien propriétaire reste et demeure le même, il agit toujours en cette qualité, c'est en cette qualité même qu'il vient demander une indemnité.

Mais, dit-on, il y a, par ce dommage, modification dans la jouissance, il y a perte d'un droit, établissement d'une servitude, et tout cela doit être assimilé à une expropriation. Nous pourrions répondre, avec M. Toullier, qu'il n'y a qu'un simple dommage, parce qu'on « entend par dommage, « toute *perte* ou *diminution* qu'on éprouve dans « *ses biens* par la faute ou le fait d'autrui (1). » Mais poursuivons la discussion. Tantôt vous distinguiez lorsque vous ne pouviez le faire, maintenant vous agissez par assimilation ; or, en droit et en fait, nous nions que l'on puisse assimiler une diminution de valeur, un dommage occasionné à un fonds avec une éviction, une dépossession, une expropriation.

Allons plus loin : non-seulement la loi, lorsqu'il s'est agi de régler les juridictions, n'a point distingué les dommages temporaires des dommages permanents; mais encore, dans tous les cas où

(1) Toullier, *Droit civil*, t. iii, n° 327.

elle a eu occasion de s'en expliquer formellement, elle a conféré juridiction aux tribunaux administratifs pour des dommages permanents, pour ces dommages que vous appelez expropriation, lorsque d'ailleurs les propriétaires conservaient leur fonds, qu'il fût plus ou moins altéré. Ainsi, en matière de fouilles pour les travaux publics, le préfet désigne une carrière, sur cette seule désignation et l'avertissement qui vous en est donné, vous êtes obligé de laisser sortir tous les matériaux qui sont nécessaires pour les travaux, à tel point que l'on pourra épuiser votre carrière. Certes! le dommage est permanent, car lorsque l'exploitation aura cessé, si l'entrepreneur ne peut s'introduire chez vous, à coup sûr votre carrière n'en aura pas moins cessé de subsister pour toujours. Eh bien! quels seront les tribunaux qui devront régler l'indemnité? Ce seront incontestablement les conseils de préfecture. En vertu de quelle loi? Précisément de celle du 28 pluviôse an VIII; loi que nous invoquons, et qui, certes, ne distingue pas entre les dommages pour régler les juridictions, puisqu'elle renvoie même textuellement et formellement devant l'autorité administrative la connaissance des dommages permanents en matière de fouilles et extractions de matériaux.

Revenant à votre objection, admettons un moment que les dommages permanents, constituent une expropriation; qu'en résultera-t-il ? Les tribunaux civils auront les attributions que la loi sur l'expropriation pour cause d'utilité publique leur confère, c'est-à-dire, qu'ils prononceront l'expropriation et voilà tout; rôle par trop modeste dans les circonstances où le dommage permanent existant, alors qu'interviendrait leur jugement, ils ne feraient qu'enregistrer inutilement un fait déjà accompli en dehors de leur action. Quant au règlement de l'indemnité, il devrait être fait par un jury spécial et nullement par les tribunaux.

Mais voilà ce qui va arriver, en voulant établir, malgré la loi, des distinctions et des assimilations dans des matières où il n'y a ni à distinguer d'un côté, ni à assimiler de l'autre; vous assimilez les dommages permanents à une expropriation pour cause d'utilité publique, dès lors vous devez soumettre la matière à la loi du 3 mai 1841 destinée à régir ces matières et que vous ne pouvez pas récuser. Eh bien! on peut prendre toute la loi de 1841, article par article, pas une seule de ses dispositions ne pourra être appliquée lorsqu'il s'agira de dommages permanents, l'application sera impossible, quand, ce qui est pis, elle ne sera pas ridicule. Ainsi l'art. 1er, portant que l'expropriation s'opère par autorité de justice, ne serait-il pas une dérision lorsque les dommages permanents existant avant le jugement, l'expropriation serait consommée quand on le solliciterait? Toutes les enquêtes et contre-enquêtes avec des garanties de publicité, à quoi aboutiraient-elles? Des actes de cession et ventes amiables, mais comment en interviendrait-il lorsque l'administration n'aurait rien à acheter? Et les formalités de purge que purgeraient-elles? Et l'indemnité préalable, condition essentielle de toute expropriation, ne serait-elle pas un vain mot?

Reconnaissons donc, que le législateur n'a point entendu comprendre dans l'expropriation ce que vous appelez les dommages permanents, que la loi sur l'expropriation, appliquée à ce cas, ne devient qu'un tissu des dispositions inutiles, impuissantes ou ridicules; d'où il suit que les dommages permanents ne peuvent être assimilés à des expropriations; que les lois de 1810, de 1833 et de 1841, n'ont statué que pour les terrains dont le propriétaire devait être dépossédé, dont l'administration devait être investie, et sur lesquels devaient être établis les travaux, et que les indemnités pour dommages permanents ou temporaires causés hors de ces terrains, ont été laissés sous le régime de la législation de l'an VIII et de 1807, c'est-à-dire, dans les attributions des conseils de préfecture.

Nous ne croyons pouvoir mieux faire pour résumer notre discussion que de rapporter l'arrêté de conflit élevé par M. le préfet de l'Hérault, dans l'affaire Baguet, contre la compagnie du chemin de fer de Montpellier.

Passons le fait que nous avons fait connaître (1), pour arriver immédiatement à la partie où l'on aborde les principes :

« Considérant que le tribunal civil de Montpellier, après avoir, dans les motifs de son jugement ci-dessus visé, reconnu en principe que les actions pour dommages à raison de travaux publics, rentrent dans la compétence administrative, a considéré que ce principe devait être restreint au cas où il s'agit de dommages temporaires et n'affectant pas le droit de propriété; que les dommages perpétuels prennent le caractère d'une véritable dépossession de partie du fonds même de la propriété immobilière, et que dès lors, il appartient aux tribunaux seuls de statuer cette espèce d'expropriation ;

« Considérant que cette distinction établie par le tribunal entre les dommages temporaires et les dommages permanents, n'existe dans aucune loi; que le principe de la compétence des tribunaux

(1) *Suprà*, 84° espèce.

administratifs en matière de dommages résultant
des travaux publics, est général et absolu ; qu'il a
été posé par la puissance législative, et qu'il n'appartiendrait qu'à elle de le modifier ou d'en res-
treindre l'application ;

« Considérant que les dommages, quelles que
soient leur qualité, leur nature et même leur durée, peuvent diminuer la valeur de la propriété,
mais ne constituent jamais une dépossession,
puisque le sol ne change pas de maître ; qu'une
diminution de valeur ne peut jamais être assi-
milée à une expropriation ;

« Considérant que la loi a réglé d'une manière
précise le mode suivant lequel doivent être éva-
luées les indemnités auxquelles peut donner lieu
l'exécution des travaux publics ; que s'il s'agit de
dommages susceptibles de diminuer la valeur de
la propriété ou d'en affaiblir ou anéantir temporairement le produit, le règlement en appartient
au conseil de préfecture, d'après la loi du 28 pluviôse an VIII ; que s'il s'agit de l'occupation perpétuelle de la propriété elle-même, ce règlement
appartient au jury, d'après la loi du 3 mai 1841 ;
que ces deux hypothèses embrassent les indemnités de toute nature, et dans l'un comme dans
l'autre cas, l'appréciation des dommages est tout
à fait hors de la compétence des tribunaux civils ;

qu'ainsi, en retenant la connaissance du chef de la demande de M. Baguet, relatif aux dommages, le tribunal civil de Montpellier est sorti de la limite de ses attributions. »

Comme tout le monde s'accorde à ranger les travaux entrepris et payés par les départements comme des travaux publics (1), nous n'entrerons dans aucune discussion sur ce point, nous bornant à observer que les règles que nous venons d'examiner leur sont applicables. La difficulté naît lorsqu'il s'agit de travaux communaux, et nous aurons bientôt occasion de l'examiner.

(1) Arrêt de la cour de cass. du 27 août 1839 ; ord. 14 février 1839 (Borrani). Voy. M. J. Dumesnil, *de l'Organisation et des Attributions des Conseils généraux*, t. I, chap. 12 et suiv.

## VI.

LORSQUE LES DOMMAGES FAITS A L'OCCASION DE L'EXÉCUTION DES TRAVAUX PUBLICS, PROVIENNENT DU FAIT DE L'ADMINISTRATION ET NON DU FAIT D'UN ENTREPRENEUR, LES CONSEILS DE PRÉFECTURE SONT-ILS COMPÉTENTS POUR RÉGLER L'INDEMNITÉ DUE A L'OCCASION DE CES DOMMAGES ?

72 Dispositions de l'art. 4 de la loi du 28 pluviôse an VIII; fausse interprétation de cet article.
73 Les tribunaux administratifs sont seuls compétents pour connaître du règlement des dommages qui résultent du fait de l'administration ou d'un entrepreneur. Motifs divers de cette opinion; décision conforme des tribunaux, et doctrine des auteurs.

**72.** L'art. 4 de la loi du 28 pluviôse an VIII que nous avons eu si souvent occasion de citer, contient entre autres dispositions, la suivante :

« Le conseil de préfecture prononcera.........

« Sur les réclamations des particuliers qui se plaindront de torts et dommages procédant du fait personnel des entrepreneurs et *non du fait de l'administration*......... »

De ces expressions de la loi de l'an VIII, on avait cru pouvoir conclure que lorsqu'il s'agissait de dommages procédant du fait de l'administration, les conseils de préfecture étaient incompétents ;

quoique cette opinion ait été adoptée par des tribunaux civils et même par des conseils de préfecture, elle est contraire à toutes les lois sur la distinction des pouvoirs administratif et judiciaire, et même à la loi de l'an VIII sainement entendue èt expliquée par les lois corrélatives.

Le désir qu'ont les propriétaires de voir leurs contestations avec les entrepreneurs ou les agents de l'administration, jugées par les tribunaux civils plutôt que par les conseils de.préfeture, a seul pu les aveugler sur le véritable sens de l'article de la loi de pluviôse que nous venons de citer, et leur faire croire qu'ils pouvaient décliner la compétence des conseils de préfecture lorsqu'il s'agissait du règlement de l'indemnité due pour dommages faits à l'occasion de travaux publics, si ces dommages procédaient du fait de l'administration, alors qu'ils étaient obligés de reconnaître la compétence des conseils de préfecture, textuellement établie quand il s'agissait de dommages procédant du fait des entrepreneurs.

**72.** Nous allons faire connaître les raisons qui nous ont déterminé à adopter l'avis contraire.

Les premières, sont tirées de l'examen des lois sur la matière autres que celle de pluviôse an VIII.

Toutes ces lois attribuent constamment la connaissance des dommages causés par l'État aux tri-

bunaux administratifs ; c'est ce qui, dans l'affaire
Massip, lors du pourvoi jugé par l'ordonnance
du 12 avril 1832, faisait dire avec raison à M. le
ministre des travaux publics que, avant la loi de
pluviôse an VIII, « il était de règle que les réclamations de ceux qui prétendaient éprouver des
dommages, par suite de l'exécution des travaux
publics, fussent jugées administrativement ; l'application de cette règle ne souffrait pas la moindre
difficulté, toutes les fois que l'administration était
en cause; elle avait été confirmée par l'usage. »

Des lois des 16—24 août 1790, tit. II, art. 13,
sur l'organisation judiciaire ; du 16 fructidor an
III et du code pénal, art. 127 et suiv., il résulte
que le pouvoir judiciaire ne peut s'immiscer dans
les actes du pouvoir administratif, entraver ses
actes, suspendre leur exécution. Ne serait-ce pas
donner à l'autorité judiciaire le pouvoir d'entraver les actes de l'administration en la mettant
à même, indirectement et en connaissant des
dommages temporaires faits par l'Etat à l'occasion des travaux publics, d'allouer, sous le titre
d'indemnité, des sommes très élevées, ce qui em-
pêcherait l'exécution des travaux ou du moins les
entraverait? Ne serait-ce pas donner à l'autorité
judiciaire, le pouvoir de suspendre les actes de
l'administration, d'en gêner l'exécution, que de

lui permettre de forcer l'administration d'agir de telle manière, de prendre telle précaution et, faute par elle de le faire, de la condamner à des indemnités importantes pour chaque jour de retard, etc.; c'est cette sorte de conflit que l'on a voulu sans cesse prévenir dans l'intérêt des travaux publics, et plus encore dans l'intérêt de la dignité de la justice, et, si nous adoptions l'opinion de nos adversaires, le but du législateur serait évidemment manqué.

Lorsque la loi de l'an VIII fut promulguée, la compétence des conseils de préfecture était indubitable pour les réclamations auxquelles donnaient lieu les dommages éprouvés pour l'exécution des travaux publics, quand l'État était en cause ; pour se soustraire à cette compétence administrative, on se contentait d'attaquer les entrepreneurs de ces travaux et on déclinait la compétence des conseils de préfecture; la question présentait alors quelques difficultés, et, bien que la nature des dommages et le caractère des travaux ne fussent pas changés, quand l'entrepreneur, au lieu de l'État, était en cause, on pouvait peut-être se refuser à étendre aux entrepreneurs la juridiction d'exception établie en faveur de l'État. Les raisons que l'on donnait pour décliner vis-à-vis de l'entrepreneur la juridiction administrative

fussent-elles plus spécieuses que fondées, les doutes
que les textes de loi pouvaient laisser sur ce point
durent être vidés; ce fut alors que, par une loi,
on étendit aux entrepreneurs de travaux publics
la juridiction exceptionnelle à laquelle était soumis l'État, mais il était bien entendu alors que l'on
faisait sortir de la juridiction ordinaire les entrepreneurs à raison des dommages par eux causés à
la propriété privée dans l'exécution des travaux
publics, et que l'on étendait à de nouveaux auteurs de ces dommages la juridiction des conseils
de préfecture, qu'on n'entendait point distraire
de cette juridiction l'État lui-même.

Quant aux lois postérieures, il suffit d'inter-
roger celle du 16 septembre 1807, pour se con-
vaincre qu'elles n'établissent aucune distinction.

Le texte de l'article que l'on nous oppose ne
nous est pas d'ailleurs aussi hostile qu'on le prétend; on en connaît les termes : « Le conseil de
préfecture prononcera . . . . . . . . . sur les réclamations des particuliers qui se plaindront de torts
et dommages procédant du fait personnel des
entrepreneurs et *non du fait de l'administration.* »

Certainement on peut croire, au premier abord
et en l'examinant isolément, que cette disposition
est attributive de juridiction pour les conseils de
préfecture, lorsque les dommages procèdent du

16

fait des entrepreneurs, et qu'il enlève de cette juridiction le règlement du dommage procédant du
fait de l'administration; mais cet article ne peut-il
pas signifier aussi que les conseils de préfecture
sont compétents pour connaître des torts procédant du fait des entrepreneurs sans qu'il soit
besoin que l'administration soit en cause, que ces
conseils sont compétents, lors même que les torts
ne proviennent pas de l'administration mais du
fait personnel de l'entrepreneur, c'est-à-dire, que
l'article serait attributif de juridiction pour les
entrepreneurs sans être exclusif pour l'administration; et, comme de deux interprétations, c'est
toujours celle qui est le plus en harmonie avec le
système général des lois sur la matière, celle qui
est la plus rationnelle, qui s'accorde le plus avec la
volonté et le but du législateur qu'il faut adopter,
l'interprétation que nous proposons ne peut être
repoussée.

Notre système se trouve d'ailleurs encore établi
sur la disposition de la loi de pluviôse qui suit
celle qu'il s'agit d'interpréter. Voici, en effet, le
contenu en entier de l'art. 4 que nous citons si
souvent, car c'est la loi fondamentale de la matière
qui nous occupe.

« Le conseil de préfecture prononcera :

« Sur les demandes des particuliers tendant à

obtenir la décharge ou la réduction de leur cote de contributions directes ;

« Sur les difficultés qui pourraient s'élever entre les entrepreneurs de travaux publics et l'administration, concernant le sens ou l'exécution des clauses de leurs marchés ;

« Sur les réclamations des particuliers qui se plaindront de torts et dommages procédant du fait personnel des entrepreneurs et non du fait de l'administration ;

« Sur les demandes et contestations concernant les indemnités dues aux particuliers à raison des terrains pris ou fouillés pour la confection des chemins, canaux et autres ouvrages publics ;

« Sur les difficultés qui pourront s'élever en matière de grande voirie ;

« Sur les demandes qui seront présentées par les communautés des villes, bourgs et villages, pour être autorisés à plaider ;

« Enfin, sur le contentieux des domaines nationaux. »

Ce serait là une loi qui voudrait distraire l'État de la juridiction administrative, alors qu'elle y soumet les entrepreneurs? Cette prétention n'est pas soutenable en l'état d'un pareil texte; l'alinéa, notamment, qui suit celui dont l'interprétation nous occupe, ne montre-t-il pas évidemment que la loi n'a pas voulu distraire l'administration de la juridiction administrative, lorsque, par le même, fait elle y soumettait les entrepreneurs. Pourquoi, lorsqu'il n'y a aucune distinction à établir pour la juridiction à l'égard des indemnités dues à raison des terrains pris ou fouillés pour les ouvrages publics, y en aurait-il lorsqu'il s'agit de dommages faits à l'occasion de ces travaux publics ?

On arriverait encore à la démonstration de la vérité de notre système, en montrant combien le système contraire est absurde dans ses conséquence, puisqu'on arrive à soutenir que celui qui est à la place de l'administration sera soumis à la juridiction administrative à cause de l'État qu'il représente, et lorsque cette administration qu'il représente, de laquelle il tire le droit d'être jugé par une juridiction exceptionnelle, sera directement en cause, elle ne sera plus justiciable de la juridiction administrative. Pour terrains fouillés par l'administration ou l'entrepreneur, il y aurait compétence administrative; pour dommages commis par l'entrepreneur, compétence administrative; pour dommages commis par l'État, compétence judiciaire. Énoncer de pareilles propositions, c'est démontrer l'absurdité du système adverse.

Aussi la jurisprudence s'est-elle, à peu d'exceptions près, toujours prononcée en faveur du système que nous soutenons ; et à l'arrêté du conseil de préfecture de Tarn-et-Garonne, rendu dans l'affaire Massip, nous pouvons opposer l'ordonnance de réformation du 12 avril 1832, intervenue dans la même affaire ; les ordonnances des 24 octobre 1821 (Thomas), 26 décembre 1827 (Laget-le-Vieux), 20 février 1828 (Lannier), 16 juin 1830 (Ministre de l'intérieur), réformant un arrêté du conseil de préfecture de Maine-et-Loire, 14 juillet 1830 (Cornet), confirmant un conflit, 16 novembre 1832 (préfet du Doubs), 27 août 1833 (Questel), 8 novembre 1833 (Danglemont), 3 février 1835 (Berthier), 5 décembre 1837 (Coulon), 22 février 1838 (Ministre des travaux publics), 27 mai 1839 (Meriet), 10 décembre 1840 (Jacques), 6 septembre 1843 (de Lamothe).

Enfin, la cour de cassation elle-même, sur la plaidoirie de M. Cotelle, et conformément aux conclusions de M. l'avocat-général, Voysin de Gartempe, cassant l'arrêt rendu par la cour royale de Poitiers, a reconnu, le 21 août 1834, après un long délibéré, que la disposition de l'art. 4 de la loi du 28 pluviôse an VIII, qui attribue juridiction aux conseils de préfecture quand les dommages procèdent du fait personnel des entrepreneurs et non du fait de l'administration, n'est pas exclusif de la compétence de ces conseils, dans les cas où les dommages proviennent du fait de l'administration elle-même, et qu'il ne pouvait pas dépendre du libellé d'une demande et du choix de la personne contre laquelle le demandeur dirige son action, de changer les juridictions.

L'opinion des auteurs n'est pas moins formelle que la jurisprudence; M. Cotelle a longuement développé l'opinion que nous soutenons, dans son *Traité de droit Administratif* (1); elle est professée par MM. Foucart (2), de Cormenin (3), Dubois de

(1) *Cours de droit administratif appliqué aux travaux publics*, édition de 1859, t. II, p. 474 et suiv., n° 151.
(2) *Éléments de droit public et administratif*, édit. de 1859, t. II, p. 326, n° 372.
(3) *Droit, adm.*, édit. de 1840, v° travaux publics, n° 2, § 25, 29.
Plusieurs auteurs citent M. de Cormenin comme étant d'une opinion contraire. Et en effet, voilà ce qu'on lit dans sa 5e édition, au mot *cours d'eau*, n° 58, § 6, note 5 :

« *Quid*, si les dommages procèdent du fait de l'administration, c'est-à-dire, d'un maire, d'un ingénieur, d'un préfet, qui auraient, par exemple, ordonné, pour le salut d'un pont, la destruction d'un moulin arrêté par le travers des piles? Une ordonnance du 16 novembre 1832 (préfet du Doubs) et un arrêt encore plus explicite de la Cour de cassation du 20 août 1834, n'hésitent pas à dire que le conseil de préfecture est compétent.

« Une autre ordonnance du 22 juin 1825 (Combe), décide qu'il faut s'adresser directement à l'administration, et cet avis, qui est partagé par Tarbé, est aussi le nôtre; les tribunaux ne pourraient pas prononcer, parce qu'ils seraient obligés d'apprécier le caractère et les effets d'un acte administratif; les conseils de préfecture ne doivent pas non plus statuer, parce que la loi du 28 pluviôse an VIII, ne parle exclusivement que du fait personnel des entrepreneurs, et non du fait de l'administration. »
MM. Serrigny, n° 580, et Dufour, n° 2876, en citant ce passage de l'ouvrage de M. de Cormenin, en concluent que cet auteur professe l'opi-

Niermont (1), Tarbé (2), Serrigny (3), Dufour (4).

Ainsi, de l'examen des lois antérieures à l'an VIII, des lois qui séparent le pouvoir judiciaire

nion que, lorsque les dommages procèdent du fait de l'administration et non de celui de l'entrepreneur, il faut s'adresser, pour le règlement de l'indemnité, directement à l'administration.

Voici, cependant, pourquoi j'ai cru devoir citer M. de Cormenin parmi les auteurs qui pensent que ce règlement doit être fait par les tribunaux administratifs, que les dommages soient le fait de l'entrepreneur ou de l'administration.

Je lis toujours, dans la 5e édition, v° *travaux publics*, n° 2:

« Du principe que c'est au conseil de préfecture que tout le contentieux de la matière appartient, il suit, qu'ils ont à statuer, sauf recours au conseil d'État.

« § 25. Sur le règlement des indemnités qui peuvent être dues par l'administration à des tiers, par suite de l'exécution ou de la conservation des travaux publics, et résultant, soit de la suppression d'un pont, soit du défaut de nivellement du terrain, ou du défaut de pavage, ou de la canalisation d'une rivière, ou du chômage d'une usine, ou de l'infiltration des eaux d'un canal.

« § 29. Sur les demandes, actions en dommages et contestations concernant les indemnités dues à des particuliers, à raison du passage des voitures, pour transport de matériaux dans les terres ensemencées, ou de fouilles, extraction et enlèvement de grèves, pierres, sables et autres matériaux, opérés par l'administration elle-même ou en son nom et en vertu de ses autorisations par les entrepreneurs ou leurs préposés, pour la confection, réparation ou entretien des routes royales ou départementales, canaux ou autres ouvrages publics. »

Et en note au § 25: « Une ordonnance du 22 juin 1825 (Combe), avait décidé que les conseils de préfecture étaient incompétents pour apprécier ces dommages et régler ces indemnités, et que ce droit appartenait à l'administration seule. La jurisprudence contraire est aujourd'hui constante. »

Quant à M. Tarbé, il suffit de consulter son *Dict. des trav. publics*, v° *chomage d'usine*, pour s'assurer qu'il professe la dernière des opinions émises par M. de Cormenin.

(1) *Organisation, Compétence des Conseils de préfecture*, édit. 1841, v° trav. pub., chap. I, § 2, n° 10, et § 4.
(2) *Dict. des trav. pub.*, v° chômage d'usine.
(3) *Traité de l'organisation*, etc., t. I, n° 580.
(4) *Traité général du Droit administratif*, t. IV, n° 2876. — Cette opinion est encore adoptée par des auteurs qui, sans traiter spécialement les matières qui nous occupent, ont eu occasion de les aborder. *Sic*, Daviel, *Traité de la législation des cours d'eau*, n° 436; Dubreuil, édit. revue par MM. Tardif et Cohen, Aix, 1842, Aubin, édit., Supplément, t. II, n° 378.

du pouvoir administratif, des circonstances dans lesquelles a été rendue la loi de pluviôse an VIII, de la saine interprétation de cette même loi, du commentaire que fournit à une partie de son texte les dispositions suivantes, des résultats absurdes du système contraire, de la jurisprudence du conseil d'État et de la cour de cassation, de l'opinion des auteurs ; concluons que la disposition de l'art. 4 de la loi de pluviôse an VIII, qui attribue juridiction aux conseils de préfecture quand les dommages causés à l'occasion de l'exécution des travaux publics procèdent du fait personnel des entrepreneurs, n'est point exclusive de la compétence de ces mêmes conseils, dans le cas où les dommages proviennent du fait de l'administration.

## VII.

LES TRAVAUX EXÉCUTÉS PAR LES COMMUNES SONT-ILS DANS LA CLASSE DE CEUX QUE LA LOI DÉSIGNE SOUS LE NOM DE TRA-VAUX PUBLICS, ET LE RÈGLEMENT DES DOMMAGES QU'OCCA-SIONNE LEUR EXÉCUTION, DOIT-IL ÊTRE PORTÉ DEVANT LES TRIBUNAUX CIVILS OU DEVANT LES TRIBUNAUX ADMINIS-TRATIFS?

74 Observation générale sur la limite des juridictions.
75 Extension qu'ont pris les travaux des communes.
76 Incertitude des auteurs pour la solution de la question qui précède.
77 Peu de fixité de la jurisprudence.
78 Examen des divers systèmes résultant de l'opinion des auteurs et de la jurisprudence des tribunaux.
79 Distinction à établir entre les travaux communaux pour savoir quels sont ceux à l'occasion desquels les dommages causés doi-vent être réglés par les tribunaux civils ou les tribunaux admi-nistratifs; développement et justification de cette distinction.
80 Travaux entrepris dans l'intérêt des propriétés privées commu-nales.

**74.** Rien n'est plus déplorable que les diffi-cultés que l'on a élevées à l'occasion de ces matiè-res sur les questions de compétence; leur résultat est, aujourd'hui, que l'on ne sait, le plus souvent, quel juge investir de sa demande.

En France, dans les matières civiles, les compétences sont en général suffisamment définies, et celui qui prend une fausse voie, doit, sans murmurer, supporter les suites de son ignorance volontaire, ou au moins de son irréflexion.

Lorsqu'il s'agit de certaines matières administratives, les changements de la jurisprudence et les hésitations de la doctrine font naître bien des fois le doute et l'incertitude ; ce n'est souvent qu'après des renvois que l'on arrive devant les juges compétents ; ces renvois sont incompatibles avec une bonne administration de la justice, ils donnent toujours naissance à de justes plaintes fondées sur les longueurs et les frais inutiles, qui paralysent les heureux effets d'une justice moins tardivement obtenue.

**75.** Les travaux des communes ont pris, depuis les anciennes lois, une extension et des développements que l'on ne supposait pas alors, et cette heureuse extension, à laquelle les villes doivent leur embellissement, leur salubrité, leur sûreté et leurs richesses, se développant sur la propriété privée ou autour d'elle, donne naissance à des difficultés nombreuses à l'occasion de dommages, occupations temporaires, dépréciations, préjudices, etc. D'un autre côté, la confection de ces travaux, leur réception, les difficultés d'édification, font surgir des différends entre les entrepreneurs et les administrations communales, et, dans ces cas nombreux et journellement répétés, on ne sait quel juge investir sûrement de la contestation, et plusieurs de ces différends donnent naissance à des conflits.

**76.** Les auteurs qui ont traité ces questions ont été loin d'être d'accord entre eux, et leurs opinions individuelles sont elles-mêmes exprimées avec tâtonnement et incertitude.

Les uns pensent que la compétence doit se régler par l'origine des fonds destinés à acquitter le coût des travaux.

D'après M. Tarbé de Vauxclairs, dans son *Dictionnaire des travaux publics*, c'est la destination de l'entreprise qu'il faut considérer, c'est à peu près l'opinion qu'a embrassée M. Chauveau Adolphe, dans ses *Principes de la compétence administrative*.

Suivant M. Foucart, la juridiction administrative ne peut s'étendre à des travaux communaux, parce que leur caractère dominant est de n'intéresser que la localité, parce que, par rapport à ces travaux, les communes ne sont que des personnes morales, traitant pour des intérêts qui leur sont propres, et que les contrats qu'elles passent, bien que revêtus des formes administratives exigées dans leur intérêt, ne sont que des conventions privées qui doivent être appliquées et interprétées par les tribunaux ordinaires.

M. Proudhon, dans son *Traité du domaine public*, adopte le même avis.

M. Cotelle, dans son *Cours de droit administratif appliqué aux travaux publics*, dit, § 19 :

« Le bénéfice de la juridiction des conseils de préfecture concernant les difficultés élevées sur le sens et l'exécution des marchés, aussi bien que sur les indemnités procédant de torts et dommages, s'étend, comme nous l'avons expliqué déjà plusieurs fois, aux départements et arrondissements et aux communes............ »

Et § 21 : « Il ne faudrait pas conclure de ces décisions, que les travaux des villes soient réputés par eux-mêmes travaux publics, bien loin de là, du principe que les compétences sont d'ordre public et qu'elles ne peuvent pas se proroger par l'effet des conventions, il résulte que la clause d'un marché passée entre une commune et un entrepreneur, par laquelle celui-ci s'est soumis à être traité comme entrepreneur de travaux publics, n'a l'effet de saisir le conseil de préfecture des difficultés concernant le sens et l'exécution du marché, que dans des cas déterminés....... »

Or, pour l'indication de ces cas, cet auteur se

sert des arrêts du conseil dont il reconnaît la jurisprudence très variante sur ce point ;

D'où une conclusion est assez difficile à tirer.

Un ancien conseiller de préfecture, M. Dubois de Niermont, dans un ouvrage assez récent sur les conseils de préfecture, commence par dire (1) : « Relativement aux travaux communaux, ils sont assimilés aux travaux publics et sont réglés comme eux. »

Plus bas (2), il modifie son opinion et dit : « Les contestations entre une commune et un entrepreneur de travaux publics pour le compte de la commune, sont de la compétence des conseils de préfecture, lorsque les travaux ont le caractère de travaux publics. »

« Je n'hésite point, dit M. Dufour (3), à élever les travaux d'utilité publique communale au rang de travaux publics, et à les faire participer de tous les priviléges accordés aux travaux entrepris au nom et pour le compte de l'État. »

M. Serrigny, au n° 570, professe que la compétence du conseil de préfecture doit être admise toutes les fois que les travaux sont d'utilité com-

---

(1) V° commune, p. 159.
(2) *Idem*, p. 169.
(3) *Traité général de Droit admin.*, t. IV, n° 2656.

munale pouvant donner lieu à une expropriation
pour cause d'utilité publique.

Enfin, pour finir cette énumération, M. de Cormenin (1) écrit : « Du principe que des travaux,
quoique communaux par le but immédiat, peuvent avoir cependant un caractère d'utilité générale et doivent être adjugés dans la forme employée pour les travaux publics proprement dits,
il suit qu'il appartient aux conseils de préfecture,
sauf recours au conseil d'État, de statuer sur les
difficultés qui peuvent s'élever, soit entre les
communes et les entrepreneurs sur le sens et l'exécution des marchés, soit entre les communes et
les architectes pour la responsabilité des travaux
dont la direction leur est confiée, soit entre les
particuliers et les entrepreneurs pour dommages
causés à leurs propriétés. »

Puis ailleurs (2) : « Du principe que les travaux
exécutés dans le seul intérêt économique de la
commune n'ayant pas la même généralité, n'ont
pas besoin des mêmes garanties exceptionnelles,
il suit qu'il appartient aux tribunaux de statuer
sur les difficultés qui s'élèvent, soit entre la com-

(1) Vᵒ commune, nᵒ 59 ; la même idée est exprimée, vᵒ travaux publics, nᵒ 2, § 22 et notes.
(2) *Idem,* nᵒ 60.

mune, les architectes ou les entrepreneurs, soit entre ceux-ci et des particuliers (1). »

Quand devra-t-on suivre la première règle posée par M. de Cormenin? Quand devra-t-on suivre la seconde? C'est là où gît une difficulté très grande dans l'application, là où les doutes et les incertitudes naissent en foule.

**77.** Si de la doctrine on passe à la jurisprudence, on ne trouve, surtout dans les anciennes décisions, pas plus de fixité (2); nous ne craignons pas de le dire, il est impossible d'arriver à formuler une règle sûre et précise.

Il nous sera facile de justifier ce que nous avançons.

Le conseil d'État a jugé que les contestations naissant à l'occasion des travaux relatifs à une église de commune, étaient de la compétence des tribunaux ordinaires, par les ordonnances des 17 avril 1822, 31 mars et 28 juillet 1824, 26 octobre 1825, 25 avril 1828 et 12 avril 1829; d'accord en cela avec la cour de cassation (arrêts des 7 février 1841 et 20 novembre 1843); et cependant le conseil d'État a reconnu la com-

---

(1) Voyez encore M. Serrigny, *Traité de l'organisation*, etc., t. 1, n° 567 et suiv.

(2) Cette remarque a été faite par les auteurs, entre autres MM. Cotelle et Serrigny, et l'indication que nous donnons des décisions du conseil d'État, justifie assez ce reproche repoussé par M. Dufour.

pétence administrative pour juger des contestations naissant à l'occasion de travaux relatifs à une église de commune par les ordonnances des 24 décembre 1823 (Julien), 24 mars 1824 (Dufour), 7 décembre 1825 (Pierron), 16 novembre 1835 (Perrin), 12 avril 1838 (Gilbert), 8 janvier 1840 (commune de Cortenay), 22 mai 1840 (Borey), 23 juillet 1841 (Vuillet), 7 décembre 1843 (Grandidier), et autres.

La compétence administrative a été écartée à l'occasion de travaux de pavage et de marchés pour l'enlèvement des boues, par ordonnances des 16 novembre 1817 et 27 août 1828, tandis qu'elle a été admise par les ordonnances des 2 septembre 1840 (Jarcin), 5 mars 1841 (Lecointre), 30 novembre 1841, (de Vichet), 24 février 1842 (Mallet), 23 mars 1843 (Chamcau), 6 septembre 1843 (Lamothe), 23 novembre 1843 (Salmon), 7 décembre 1843 (Grandidier).

Les tribunaux administratifs ont été reconnus compétents pour vider les difficultés nées à l'occasion de la construction d'un pont par des communes; ordonnances des 13 juillet 1825 (Bourguignon), 8 juin 1837, 17 août 1841 (Thionnet), 10 mars 1843 (Mercier), tandis que l'ordonnance du 16 décembre 1830, renvoie dans ce cas devant l'autorité judiciaire.

Un décret du 7 février 1809 (ville de Marseille) porte : « Qu'il n'appartient qu'aux conseils de préfecture de statuer sur des difficultés élevées entre les maires et les artistes, relativement aux marchés passés pour l'exécution des travaux destinés à l'embellissement des villes. Et cependant, par ordonnances des 29 août 1821 et 10 juin 1829, la compétence administrative a été refusée, alors qu'il s'agissait de juger des difficultés naissant à la suite de l'érection d'un théâtre et de clauses placées dans un traité relatif à l'exploitation d'un théâtre.

Par l'ordonnance du 16 novembre 1835, il a été décidé que les questions de responsabilité, invoquées contre un architecte étaient de la compétence administrative, tandis que la connaissance de pareilles difficultés avait été reconnue de la compétence des tribunaux civils par les ordonnances des 19 décembre 1827 et 23 juillet 1828.

La compétence administrative a été encore reconnue pour des contestations nées à l'occasion de travaux communaux par les ordonnances, entre autres des 10 janvier 1827, 9 novembre 1836, 20 juin 1837, 11 janvier, 9 mai, 31 décembre 1838, 23 février 1839, 8 juillet 1840, tandis qu'elle avait été refusée par les ordonnances des 4 juin

1823, 16 février 1826, 19 juin 1828, 2 septembre
1829, 31 décembre 1831.

Sans doute, ces diverses espèces ont pu présenter des particularités, des divergences mêmes,
nous les avons examinées et nous devons reconnaître que nous avons souvent trouvé des différences dans les cas; mais il faut avouer que ces
différences, suffisantes pour influer sur les adjudications, ne l'étaient point assez pour changer,
dans des matières analogues et identiques, l'ordre
des juridictions.

La cour de cassation a suivi une marche plus
uniforme, elle paraît sans cesse adopter que les
travaux faits dans l'intérêt et aux frais des communes sont de la compétence des tribunaux ordinaires (1); cependant elle admet que lorsque les
travaux intéressent plusieurs communes, bien
qu'il ne s'agisse que d'un chemin vicinal, si d'ailleurs les plans ont été adoptés par le gouvernement et les travaux surveillés par ses agents, les
difficultés qui s'élèvent entre l'entrepreneur et la
commune sont de la compétence des tribunaux
administratifs (2); et elle admet encore que « les

(1) Arrêts des 12 déc. 1831, S. 32, 275 ; 11 mars 1839, S. 39, 180 ;
3 fév. 1841, S. 41, 120; 20 nov. 1843, S. 44, 243; et l'arrêt de la
cour royale de Rouen du 25 avril 1844, Buzot contre la commune de
Saint-Saens
(2) 27 août 1859, S. 39, 830 ; analog., cour royale de Bastia, 16 nov.
1836, S. 37, 150.

tribunaux ne sont pas compétents pour ordonner la suppression des travaux qui, exécutés par ordre du maire sur la voie publique pour en assurer la salubrité, causent un préjudice aux propriétés riveraines (1). »

**78.** Cette doctrine et cette jurisprudence se rattachent à des principes différents, qui peuvent cependant, ce nous semble, se classer sous l'un des systèmes suivants :

1° Toutes les contestations qui s'élèvent à l'occasion de travaux ordonnés par une commune, entre cette dernière et l'entrepreneur, ou entre la commune et des tiers, sont de la compétence des tribunaux ordinaires ;

2° Ces contestations sont, au contraire, du ressort des tribunaux administratifs;

3° La compétence est déterminée par les formes civiles ou administratives dont on s'est servi dans le contrat passé entre la commune et l'entrepreneur des travaux ;

4° La compétence se règle d'après l'origine des fonds qui servent à acquitter les travaux ;

5° La compétence est judiciaire ou administrative, suivant qu'il s'agit de travaux concernant une ou plusieurs communes ;

_____

(1) 5 déc. 1842. S. 43, 25.

6° La compétence se détermine d'après le caractère de généralité des travaux ou leur caractère d'utilité.

Dire que la compétence judiciaire est applicable à toutes les difficultés naissant à l'occasion des travaux communaux, est énoncer un système qui pèche par sa généralité, car il faut au moins reconnaître que les travaux communaux déclarés d'utilité publique par une ordonnance et même une loi, quoique exécutés par des communes, doivent être assimilés aux travaux publics pour les règles de compétence, puisque ce sont de véritables travaux publics ; c'est énoncer un système qui est en opposition formelle avec diverses lois parmi lesquelles on peut citer celles des 16—24 août 1790, tit. II, art. 13 ; 16 fructidor an III ; 28 pluviôse an VIII, art. 4 ; 16 septembre 1807, tit. VII, art. 35, 36, 37, tit. XI, art. 49 et suiv., notamment art. 56 ; code pénal, art. 127, § 2 ; loi 31 mai 1836, art. 15 et suiv.; loi 3 mai 1841, art. 3, et les lois et ordonnances déclarant d'utilité publique divers travaux communaux. Nous aurons d'ailleurs à revenir sur les vices de ce premier système.

De la part de ceux qui admettent pour toutes les contestations s'élevant à l'occasion des travaux communaux, la juridiction administrative, il y a méconnaissance du pouvoir des tribunaux administratifs ; ceux-ci ne peuvent être juges des questions de propriété que peut soulever l'exécution de ces travaux, non plus que des questions purement civiles que peut faire naître l'entretien des propriétés que j'appellerai privées communales, c'est-à-dire, de celles que la commune possède comme tout autre propriétaire, qui ne sont pas destinées à l'usage du public, ou de la commune comme corps administratif.

On ne peut sérieusement s'arrêter au principe qui consiste à faire dépendre la compétence de la forme qui a présidé au contrat passé entre l'entrepreneur et la commune, quoique le conseil d'État l'ait pris quelquefois pour base de ses solutions ; les communes sont toujours obligées d'avoir recours à ces formes que l'on considère comme tutélaires pour leurs intérêts, et par cela seul qu'un fermier rapporte l'adjudication aux enchères d'un bail d'une propriété communale, il ne s'ensuit pas que les dommages qu'il faira aux voisins en exploitant cette propriété puissent être soumis à la compétence administrative, et qu'il puisse se dire entrepreneur de travaux publics ; la forme du bail est administrative, l'acte est civil et la forme ne peut en emporter le fond. C'est comme lorsqu'il s'agit des actes de cession ou de quittance passés en la forme administrative en vertu de la loi du 3 mai 1841, sur l'expropriation pour cause d'utilité publique, la forme est administrative, mais l'acte au fond est un acte civil, et les auteurs sont d'accord pour attribuer aux tribunaux civils le jugement des contestations qui s'y rapportent.

Prendre la distinction de compétence dans l'origine des fonds qui servent à faire face aux dépenses qu'occasionnent les travaux, peut être un système spécieux, mais qui ne peut soutenir la discussion. En effet, toutes les communes auxquelles les revenus considérables permettraient de faire des travaux très nombreux, très importants et très utiles, se trouveraient privées de la juridiction administrative, et des travaux insignifiants exécutés au profit de communes pauvres sur les fonds de l'État ou des départements, prendraient le titre pompeux de travaux publics et jouiraient du bénéfice de la juridiction administrative; bien plus, des travaux publics faits sur des routes royales, par exemple, pour des parties que l'on mettrait à la charge des communes, changeraient tout à coup de caractère à cause de la provenance des fonds qui serviraient à les acquitter.

Les systèmes indiqués sous les n°s 5, 6, 7 établissent une distinction plus satisfaisante; cependant

le premier qui tend à exclure la compétence administrative lorsque les travaux ont été ordonnés
par une seule commune et à l'admettre lorsqu'ils
sont effectués par plusieurs, quoique admis par
la cour de cassation dans l'arrêt déjà indiqué du 27
août 1839, peut présenter cette anomalie, qu'un
travail fait par une seule commune très importante, par des villes comme celles de Lyon,
Rouen, Toulouse, Marseille, je ne parle pas de
Paris, ne soumettent pas à la compétence administrative pour les difficultés naissant à raison de
leur exécution, comme n'étant pas des travaux
publics, et que l'on favorise de ce titre et de cette
juridiction des travaux qui, bien qu'ils intéressent
des communes différentes, sont d'un intérêt bien
moins grand, d'une utilité bien moins générale.

Déterminer la compétence par le caractère de
généralité ou d'utilité des travaux, nous paraît se
rapprocher beaucoup plus de la vérité; cependant
cette règle dans l'application présente beaucoup
de difficultés, parce qu'elle manque de précision
et met, dans tous les cas où des questions de cette
nature se présentent, dans la nécessité de fixer
préalablement le point de savoir s'il y a ou non
généralité ou utilité nécessaire pour que la contestation arrive devant les tribunaux administratifs; s'il fallait chercher dans la loi les bases

de cette distinction, il serait d'ailleurs impossible de les trouver.

**79.** Voici la distinction que nous croyons devoir être adoptée et que nous allons brièvement justifier.

Les travaux sont-ils exécutés par la commune comme commune, comme premier degré de l'administration centrale et générale? Ils doivent être assimilés à des travaux publics, ou plutôt ils sont des travaux publics.

Les travaux sont-ils faits par la commune comme simple propriétaire possédant biens particuliers? Ils doivent être régis par les règles ordinaires.

Expliquons-nous par des exemples : s'agit-il de travaux relatifs à des rues, promenades, quais, édifices et établissements publics communaux, fontaines publiques, halles et marchés publics, théâtres, égoûts, chemins, édifices consacrés au culte, etc.? En cas de contestations entre la commune ou l'entrepreneur et des tiers, les tribunaux administratifs seront compétents pour connaître de toutes les contestations qui, dans des cas pareils, soulevées à l'occasion de travaux publics exécutés par l'État, doivent être jugés par les tribunaux administratifs.

S'agit-il, au contraire, de réparations à une propriété privée, à une maison non destinée à un ser-

vice public et dont la commune est propriétaire,
de l'exploitation d'un bois communal, d'une terre,
enfin, de travaux concernant ces biens privés pour
lesquels la commune agit comme un simple propriétaire et non comme une administration publique? Les difficultés auxquelles ces travaux
peuvent donner lieu, sont de la compétence des
tribunaux civils.

L'assimilation des travaux communaux aux travaux publics, ou plutôt la classification des travaux communaux dans les travaux publics, dans
le premier cas, se justifie par les principes généraux de la matière.

La nécessité de toute administration, c'est l'action; administrer c'est agir, et c'est surtout dans
la partie de l'administration qui s'exerce sur les
travaux de voirie et autres travaux communaux
qu'il y a souvent urgence à agir; pour que cette
action soit possible, il faut qu'une administration
soit sagement libre et indépendante, en ce sens,
qu'elle soit à l'abri des obstacles que pourront lui
susciter des pouvoirs rivaux. C'est surtout dans les
derniers degrés où s'exerce le pouvoir administratif que les hommes se rencontrent et que pourraient naître ces luttes déplorables pour le caractère des personnes dont elles pourraient compromettre la dignité et la considération et fâcheuses

pour les besoins publics que l'administration
gênée, entravée et arrêtée dans ses mesures ne
pourrait satisfaire; et sous ces rapports, il importe
de ne point distraire les travaux communaux de la
classe des travaux publics (1).

Aussi ne trouve-t-on point cette distinction dans
les lois spéciales; elle n'est point dans la loi des
16—24 août 1790, tit. II, art. 13, sur l'organisation
judiciaire ; pas plus dans celle du 16 fructidor
an III. Le code pénal punit, par son art. 127, de
la dégradation civique, les fonctionnaires de
l'ordre judiciaire qui se sont immiscés dans les
matières attribuées aux autorités administratives
en faisant des règles sur ces matières, soit en défendant d'exécuter les ordres émanés de l'administration, et cela s'applique si bien aux autorités
municipales, que les art. 130 et 131 du code
pénal, corrélatifs à l'art. 127, portent :

« Art. 130. Les préfets, sous-préfets, *maires* et
autres administrateurs qui se seront immiscés
dans l'exercice du pouvoir législatif, comme il est
dit au n° 1 de l'art. 7, ou qui se seront ingérés de
prendre des arrêtés généraux tendant à intimer
des ordres ou des défenses quelconques à des cours

(1) Voyez dans M. Serrigny, t. 1, la justification de la compétence
des conseils de préfecture en matière de travaux publics communaux.

et tribunaux, seront punis de la dégradation civique.

« Art. 131. Lorsque *ces administrateurs* entre-
prendront sur les fonctions judiciaires en s'ingé-
rant de connaître des droits et intérêts privés du
ressort des tribunaux, et qu'après la réclamation
des parties ou de l'une d'elles, ils auront néanmoins décidé l'affaire avant que l'autorité supérieure ait prononcé, ils seront punis d'une amende
de 16 fr. au moins et de 150 fr. au plus. »

Ainsi, lorsque la loi a tracé les limites entre le
pouvoir administratif et le pouvoir judiciaire, elle
n'a point entendu distraire le pouvoir municipal
du pouvoir administratif.

C'est pourquoi M. Tarbé de Vauxclairs, dans
son *Dictionnaire des travaux publics,* définit les
travaux publics : ceux dont l'utilité intéresse l'u-
niversalité des habitants du royaume, d'un département ou arrondissement, d'un canton ou
même d'une commune, lorsque cette utilité n'a
pas les caractères résultant de la propriété patri-
moniale ou privée.

Plus particulièrement, lorsque la loi a parlé de
travaux publics, elle a toujours entendu parler
des travaux faits dans un intérêt public, peu importe qu'ils fussent exécutés par l'État ou par une
commune.

Cela résulte de la loi du 28 pluviôse an VIII, qui n'établit aucune distinction, et de plusieurs lois qui repoussent même cette distinction, en plaçant les travaux publics communaux sur la même ligne pour les règles de compétence que les autres travaux publics (1).

Ainsi, toute distraction des travaux publics communaux de la classe des travaux publics, est contraire à la loi.

Elle est contraire à cette juste indépendance que l'autorité administrative doit garder pour pouvoir encourir la responsabilité de ses actes, liberté d'action dans le cercle tracé par la loi surtout nécessaire à l'autorité municipale ; car ici, comme nous l'avons indiqué, les personnes se trouvent en présence, et les conflits sont surtout à redouter et à prévenir; les besoins les plus pressants, ceux qui se rattachent à la salubrité, l'ordre, la police, la sécurité, naissent sans cesse; l'autorité se retrouve en contact immédiat avec les particuliers qui réclament justice immédiate ; une action

(1) Ainsi la loi du 16 sept. 1807, art. 35, 36, 37, 49, 51 ; loi du 7 juillet 1833, art. 12 ; et surtout l'art. 3 de la loi du 3 mai 1841, sur l'expropriation pour cause d'utilité publique ; voy. aussi la loi de 1836, sur les chemins vicinaux ; et l'assimilation faite dès la loi du 23 décembre 1809, des travaux des hospices aux travaux publics. Assimilation qui existe d'après MM. Vuillefroy et Monnier, parce que les hospices étant des établissements communaux, doivent être entourés des mêmes protections que la commune.

prompte est nécessaire, et, par suite, elle doit être justement indépendante. D'ailleurs, cette indépendance du pouvoir municipal vis-à-vis d'autres pouvoirs est sagement tempérée sans être entravée par l'autorité administrative supérieure qui exerce toujours son examen et son contrôle, et dont le plus souvent l'approbation directe et formelle est nécessaire.

Ce contrôle lui-même de l'autorité supérieure, cette autorisation préalable dans la plupart des cas, concourent encore, en mettant les travaux publics communaux sous la bienveillance et la haute direction de l'administration centrale, à les faire considérer comme des travaux publics et à leur assurer le bénéfice de la juridiction exceptionnelle à laquelle sont soumis ces mêmes travaux.

En outre, la loi a voulu que les travaux communaux fussent adjugés dans le même mode que les travaux publics (1); et si ce n'est point là une raison pour conclure qu'il doit nécessairement s'ensuivre qu'on doive soumettre les contestations qui s'élèvent à leur occasion aux tribunaux administratifs, on peut en conclure que le législateur n'a point voulu faire sortir les travaux com-

_____

(1) Ordonnance règlementaire du 14 nov. 1837 ; loi 18 juillet 1837.

munaux des travaux publics, et que ce même législateur, qui a voulu que les difficultés qui se présentent lors de l'adjudication, fussent vidées administrativement (1), n'a point voulu qu'il en fût autrement à l'occasion des difficultés naissant de l'exécution de l'adjudication.

Le législateur a donc voulu comprendre sous une même dénomination de travaux publics, les travaux entrepris par l'État, les départements et les communes. Il l'a voulu par les motifs que les mêmes principes en ces matières sont applicables aux travaux communaux adjugés comme les travaux publics faits pour le compte de l'État, dirigés comme eux, ayant le même but et le même objet, dans des proportions ordinairement moindres, exécutés quelquefois cependant sur des bases aussi étendues, soumis à l'approbation de l'autorité supérieure dont ils deviennent, par suite, en quelque sorte, le fait.

D'ailleurs, quelle raison sérieuse donne-t-on pour distraire les travaux communaux des travaux publics? Une seule : c'est que les travaux communaux n'ont point le caractère d'utilité publique qu'ont les travaux faits pour le compte de l'État.

Cette objection tombe d'abord en mille cir-

(1) Loi 18 juillet 1837, art. 16.

constances, ou une ordonnance royale ou une loi
viennent déclarer en dernier ressort l'utilité publique des travaux faits par une seule commune;
il est ensuite à remarquer que les travaux publics
communaux, lorsqu'il n'est pas nécessaire de la
déclaration d'utilité publique parce qu'ils peuvent
s'exécuter sans entraîner des expropriations, ne
sont point, même alors, destinés à l'usage privé des
habitants de la commune, mais bien à l'usage de
tous sans exception. Enfin, il faut voir où aboutit
cette objection. Qui posera la distinction entre les
travaux publics entrepris par l'État et les travaux
publics communaux, lorsqu'il s'agira de dommages résultant de ces derniers? Ce ne pourront être
que les habitants de cette commune dont les travaux pourront momentanément froisser ou gêner
les intérêts. Eh bien! pour ces particuliers, membres de l'association communale, les travaux faits
dans l'intérêt de tous, mais si l'on veut dans l'intérêt plus direct de la communauté, n'ont-ils point
le caractère d'utilité publique? Lorsqu'on pourra
traduire devant les tribunaux d'exception à raison
de la nature exceptionnelle de la matière des
particuliers lésés dans l'exécution des travaux qui,
faits par l'État pour l'utilité générale, nuisent
quelquefois à la localité qu'ils traversent, lorsqu'il
s'agira de faire le bien de deux grandes villes

qu'on reliera par un chemin de fer, les habitants
de ces petites communes, devront subir la juridiction des tribunaux administratifs, et lorsque
ces travaux faits aussi au profit médiat de tous,
seront exécutés par les communes dont ils seront
destinés à satisfaire les besoins immédiats, un habitant de cette commune sera recevable à entraver
ces travaux en réclamant une juridiction incontestablement juste et sage, mais au dire de quel-
ques-uns, trop lente; alors on permettra à ces mille
petits cris de jalousie, de haine, d'inimitié, de con-
trainte, d'opposition, d'égoïsme, d'entraver la marche des travaux, en leur suscitant mille longueurs
et des embarras qui empêcheront leur exécution.
Mais à quoi bon la responsabilité des administrateurs? Pourquoi mettre tant de temps à faire sanctionner les plans par l'autorité supérieure, et ces
précautions préliminaires prises dans l'intérêt privé, et cette longue procédure administrative antérieure à l'exécution des travaux?

Aussi, d'après la jurisprudence la plus récente
du conseil d'État, les travaux communaux dont
nous venons de parler sont considérés comme de
véritables travaux publics, et les dernières ordonnances semblent assurer, à l'avenir dans les décisions du conseil, une fixité bien désirable et qu'on
n'avait pas toujours rencontrée dans les décisions

antérieures intervenues sur ces matières. Ainsi, le conseil d'État a reconnu la compétence administrative pour juger les contestations qui s'élevaient à l'occasion : 1° de travaux faits à une église (1); 2° à une fontaine et à un abreuvoir public (2); 3° de travaux relatifs à une école communale (3); 4° à l'établissement d'un entrepôt réel (4); 5° de dommages causés par l'abaissement de la voie publique communale (5); 6° par l'établissement d'un pavage (6); 7° de discussions à l'occasion de la construction d'un presbytère (7); 8° de l'établissement d'un pont pour un chemin vicinal (8); 9° de difficultés entre une commune et un entrepreneur chargé de l'ouverture d'une rue (9).

L'entrepreneur qui agirait pour compte de la

(1) Ord. 24 mars 1823 (Jullien); 24 mars 1824 (Dufour); 7 déc. 1825 (Pierron); 16 nov. 1835 (Perrin); 20 juin 1837 (Perrin); 12 avril 1838 (Gilbert); 8 janv. 1840 (Com. de Cortenay); 2 sept. 1840 (Prost); 25 juin 1841 (Gillet); 25 août 1841 (Com. St-Etienne-du-Bois); 23 août 1843 (Huvé) 23 mars 1843 (Delettré).
(2) Ord. 22 mai 1840 (Borey); 23 juillet 1841 (Vuillet); 7 déc. 1843 (Grandidier).
(3) Ord. 22 mai 1840 (Borey); 23 août 1843 (Huvé).
(4) Ord. 8 juillet 1840 (Mongrard).
(5) Ord. 10 déc. 1840 (Jacques); 5 mars 1841 (Lecointre); 6 sept. 1843 (Lamothe).
(6) Ord. 2 sept. 1840 (Jardin); 30 nov. 1841 (Com. de Pernes); 6 déc. 1843 (Lamothe).
(7) Ord. 23 août 1843 (Huvé); ainsi jugé pour des contestations à l'occasion de la construction d'un collége, d'une école primaire, d'une salle d'asile, d'un pensionnat de jeunes filles, d'une maison d'aliénés, d'une salle de spectacle, d'un abattoir, de halles à la viande et aux grains, ord. 9 déc. 1843 (ville de Cusset).
(8) Ord. 9 déc. 1843 (ville de Cusset).
(9) Ord. 21 mars 1844 (André et Cottier).

commune serait, vis à vis des tiers auxquels il causerait un dommage par l'exécution des travaux, justiciable des tribunaux administratifs; là nature des travaux et le caractère de la contestation ne changeant pas, la matière reste la même, la compétence ne saurait changer.

**80.** Si les travaux n'ont pas un caractère d'utilité publique et générale en ce sens que ce soient des travaux purement d'économie privée pour la commune, où elle n'agisse plus comme corps administratif mais comme simple propriétaire, s'il s'agit en un mot d'intérêts purement civils, les travaux communaux cessent d'être des travaux publics (1).

Ainsi, lorsqu'il s'agit de réparations à faire à une maison appartenant à la commune et qui n'est pas destinée à un usage public;

De travaux relatifs à des terres affermées;

En un mot, de ces propriétés dont s'occupe notre code civil particulièrement.

Dans ces cas, en effet, la commune n'est plus qu'un simple propriétaire ordinaire, percevant les loyers, les rentes ou revenus et devant être justiciable de la même juridiction que tout particulier.

Il n'y a plus urgence d'agir.

(1) D'ailleurs c'est ce qui a été reconnu même pour les propriétés privées de l'Etat, par l'ordonnance du 21 août 1845.

. Il n'y a plus utilité publique.

Il n'y a plus l'action du pouvoir administratif central.

Dans la contestation, il n'y a plus, d'une part, l'intérêt général ; de l'autre, l'intérêt particulier; au contraire, ce ne sont plus que deux intérêts privés qui sont en présence.

Ces travaux n'intéressent point la salubrité , l'ordre, la police, un service public quelconque.

Rien d'exceptionnel dans la matière, partant rien d'exceptionnel dans la juridiction.

Nous sommes heureux d'ajouter que la distinction que nous indiquons, fondée sur les vrais principes et sur la loi, se trouve établie dans une lettre écrite, en 1821, par M. le garde des sceaux au ministre de l'intérieur : « Il faut remarquer, dit M. le garde des sceaux, que les communes ont des propriétés particulières qui doivent être soumises au droit commun, mais qu'elles sont en outre chargées de fournir aux frais de certains établissements qui , par leur nature, appartiennent au service public, tels qu'églises, fontaines, chemins, etc.; ces établissements ne sont pas à la jouissance exclusive des citoyens de la commune; tout venant y a droit comme eux; si, pour soulager le trésor public, on a mis la dépense de ces établissements à la charge des communes,

cette mesure d'administration ne change rien à
la nature de l'établissement; dans le premier cas,
il s'agit de travaux à entreprendre pour la réparation ou l'amélioration des propriétés urbaines
ou rurales de la commune ; les contestations relatives à ces travaux doivent être jugées par le
droit commun, ainsi que le prescrit l'ordonnance
du 29 août 1821 ; dans le second, il s'agit de travaux destinés à l'usage public, et les contestations
qui s'élèvent à cet égard doivent être jugées comme toutes celles relatives aux travaux publics (1).»

(1) Voy. toutefois l'arrêt de rejet qui juge contrairement à cette distinction dans l'affaire Michel et Piedevache contre la ville de Rennes,
le 11 mars 1839, au rapport de M. F. Faure et sur les conclusions de
M. l'avocat général Hébert, S. 39, 1, 185. L'Arrêtiste rapporte la citation que nous transcrivons dans le texte comme se trouvant dans une
lettre de M. le garde des sceaux au ministre de l'intérieur. Voy. encore
sur cette question M. Dufour, *Traité du droit administratif*, t. iv,
n° 2806, et son article sur la jurisprudence administrative, inséré dans
la *Revue de Législation* de M. Wolowski, mars 1844 ; les notes dont
M. Macarel fait suivre le compte-rendu de l'ord. Jullien, du 24 déc.
1823, et un travail sur les ordonnances rendues par le conseil d'État en
ces matières, inséré dans l'*École des communes* de 1839.

## VIII.

DES OUVRAGES ENTREPRIS SUR LA PROPRIÉTÉ PRIVÉE SANS AU-
TORISATION, CESSION, NI EXPROPRIATION PRÉALABLES.

81 L'autorité administrative qui a ordonné les travaux, peut seule
en ordonner la suspension.

82 Tribunaux compétents pour régler l'indemnité due à l'occasion
des travaux entrepris sur la propriété privée, sans autorisation,
cession, ni expropriation préalables.

**81.** Jusqu'ici nous avons examiné les cas où les
dommages sont causés à la propriété privée à la
suite de l'exécution des travaux publics entrepris
sur une propriété privée, expropriée ou acquise
par l'administration ou le concessionnaire; mais
supposons, que sans traité ni expropriation préalables, les travaux soient établis sur la propriété
d'un particulier, qui pourra arrêter la construction de ces travaux? Qui sera juge du règlement
de l'indemnité due pour les dommages causés par
ce fait?

Nous avons plusieurs fois rappelé dans ces *Etudes* les limites qui séparaient les pouvoirs administratif et judiciaire; un point incontestable qui
ressortirait de cet examen, s'il n'était écrit tex-

tuellement dans l'article 127 du code pénal, c'est que les autorités judiciaires ne peuvent défendre d'exécuter les ordres de l'administration. Or, lorsque des travaux et constructions ont été faits sur les propriétés privées sans cession ou expropriation préalables, mais dans les limites des ordres donnés par l'administration, en ordonner la suspension et surtout la démolition, serait indubitablement de la part des autorités judiciaires, défendre d'exécuter les ordres de l'administration et partant dépasser les bornes de leur pouvoir en empiétant sur le domaine de l'autorité administrative.

Aussi, dans les espèces qui se sont présentées, le conseil d'État a constamment jugé que la suspension ou la destruction des travaux ainsi entrepris ne pouvait être ordonnée que par l'administration.

L'entrepreneur Leballe, sur les ordres de l'administration, avait fait des travaux sur le sol de Joly, sans cession ni accomplissement des formalités voulues par la loi sur l'expropriation ; Joly cite Leballe devant les tribunaux civils pour faire prononcer la destruction des travaux et l'entendre condamner à des dommages-intérêts ; le tribunal civil s'étant déclaré compétent, le conflit est élevé et maintenu par ordonnance du 14 octobre 1836, au rapport de M. Vivien, sur le motif que « l'en-

trepreneur n'ayant agi dans l'espèce que d'après
un tracé adopté et les ordres donnés par l'administration, les tribunaux civils ne pouvaient ni
prescrire des règles contraires auxdits actes, ni
prononcer contre l'entrepreneur aucune condamnation des dommages-intérêts. »

Les concessionnaires du chemin de fer de Stras-
bourg à Bâle, font faire à Mulhouse et à Dornach
des travaux qui empiètent sur la propriété des
sieurs Buecher et Lorenty, sans accomplissement
des formalités préalables prescrites par la loi d'expropriation ; les propriétaires exercent une action
possessoire, et le juge de paix, par deux jugements,
ordonne la destruction des travaux avec dommages-intérêts : appel est émis de ces jugements, un
déclinatoire est proposé et rejeté, le conflit est
alors élevé et maintenu par ordonnance du 30
décembre 1841, au rapport de M. d'Haubersaërt,
sur ces motifs : « Considérant qu'il était allégué
dans la demande du sieur Buecher et qu'il a été
reconnu par les jugements ci-dessus visés, que
l'ouvrage d'art exécuté par le sieur Kœchlin, comprend dans les limites de son tracé une parcelle
de terrain dont ledit sieur Buecher a la possession
à titre de propriétaire, possession qui aurait été
troublée, sans qu'à l'égard de ladite parcelle il y
eût eu déclaration d'utilité publique et accomplis-

sement des formalités antérieures à l'expropriation, telles qu'elles sont déterminées par les lois des 8 mars 1810 et 7 juillet 1833; que si l'autorité judiciaire était seule compétente pour statuer sur cette question de possession , les concessionnaires Kœchlin n'ayant agi dans l'espèce que d'après un tracé adopté et les ordres donnés par l'administration, les jugements ci-dessus visés ne pouvaient prescrire des mesures contraires auxdits actes ; que l'administration seule pouvait prononcer la révocation des mesures qu'elle avait prescrites, et la destruction des travaux opérés par ses ordres. »

Inutile d'ajouter que le conflit élevé dans l'affaire Lorentz fut maintenu par les mêmes motifs que le conflit élevé dans l'affaire Buecher, ces affaires étant identiques; l'ordonnance dans l'affaire Lorentz est du même jour 30 décembre 1841.

Le sieur Carol, entrepreneur de la route départementale de Prades à Molitz, a commencé des travaux chez le sieur Coste sans accomplissement des formalités préalables de l'expropriation ; ce dernier cite Carol devant les tribunaux pour entendre ordonner la destruction des ouvrages et prononcer une condamnation à des dommages-intérêts; un jugement fait droit à cette demande ; en appel on propose un déclinatoire, et sur son rejet, le conflit est élevé et il est maintenu par or-

donnance du 29 juin 1842 au rapport de M. Mottet, sur ce motif : « Considérant qu'il résulte des
lois qui établissent la séparation des autorités administrative et judiciaire que celle-ci ne peut,
sans excéder ses limites, statuer sur la suspension
et la destruction des travaux exécutés par l'administration ou par ses ordres. »

Les concessionnaires du canal de la Sambre à
l'Oise, ont établi d'ordre de l'administration, mais
sans accomplissement préalable des formalités
d'expropriation, une rayère chez le sieur Pruvost;
l'affaire sur conflit ayant été portée devant le conseil d'État, une ordonnance du 29 juin 1842, au
rapport de M. d'Haubersaërt, a de nouveau reconnu le principe qu'il ne peut appartenir aux
tribunaux d'ordonner la suppression des travaux
opérés par ordre de l'administration.

Enfin, plus récemment encore, à l'occasion du
redressement d'un chemin de grande communication, allant de Mortain à Villedieu (Manche),
le sieur Desfeux, sans accomplissement préalable
des formalités d'expropriation, s'était emparé de
terrains appartenant au sieur Boutin, pour y faire
les travaux nécessaires à la route; Boutin assigne
Desfeux devant le tribunal civil pour entendre
ordonner la suspension des travaux jusqu'au
paiement de l'indemnité; le préfet présente le

déclinatoire, et comme dans les affaires précédentes il est rejeté, mais comme dans les affaires précédentes le conflit est élevé par le préfet et il est maintenu par ordonnance du 6 septembre 1843, au rapport de M. Germain : « Considérant, porte cette ordonnance, que les travaux exécutés par les entrepreneurs dudit chemin ont eu lieu en vertu des ordres de l'administration et en exécution d'un arrêté du préfet de la Manche du 20 juin 1837 ; qu'aux termes des lois qui ont établi la séparation des deux autorités administrative et judiciaire, il ne peut appartenir aux tribunaux ni d'arrêter le cours de ces travaux, ni de porter atteinte aux actes administratifs qui les ont ordonnés. »

C'est donc un point établi en principe et de jurisprudence constante pour le conseil d'État (1), que les travaux faits par ordre de l'administration sur des propriétés privées non cédées ni expropriées, ne peuvent être détruits ou suspendus que par ordre de l'administration.

Nous avons vu dans le cours de ces *Études* que lorsqu'une opposition est faite par les voies légales,

_____

(1) On peut invoquer une décision conforme de la cour de cassation, arrêt du 5 décembre 1842, S. 43, 1, 25. Voy. encore les ord. des 4 sept. 1840 (Fortier-Beaulieu) ; 5 sept. 1842 (Parmetier) ; 15 sept. 1843 (Doré); 21 déc. 1843 (Roussel).

il est du devoir de l'administration d'attendre la décision des tribunaux chargés de statuer sur ces oppositions et de donner des ordres pour que les travaux soient suspendus jusqu'alors, à moins qu'il n'y eût péril dans la demeure ; mais nous ajouterons toutefois ici que l'administration ne devra, très rarement pour ne pas dire jamais, prescrire la démolition des travaux faits en vertu de ses ordres, sur des propriétés non expropriées ni cédées ; ce serait grever inutilement le trésor sans profit pour le propriétaire. En effet, les constructions démolies il faudrait, une fois les formalités remplies, les réédifier, de sorte qu'il faudrait aux frais de construction première ajouter ceux de la démolition, puis ceux de reconstruction ; certes, le propriétaire ne gagnerait rien à cette espèce de gaspillage qui, en définitive, en prolongeant chez lui le séjour des ouvriers et celui des décombres et matériaux placés aux abords des lieux où les travaux s'exécutent, aurait un résultat à plusieurs titres nuisible pour lui.

**82.** Mais, s'est-on écrié, avec une pareille jurisprudence, la propriété se trouve privée de la protection de nos tribunaux. Voici où se trouve la garantie, et nous répondrons en l'indiquant à la seconde partie de la question, à savoir : qui devra régler les dommages dans les hypothèses où nous nous plaçons ?

Comme il s'agit d'une question de propriété et
que de pareilles questions sont du domaine de
l'autorité judiciaire, que, d'un autre côté, aucune
des formalités préalables n'ont été remplies pour
que le contentieux de ces matières puisse tomber
dans la juridiction administrative, ce seront les
tribunaux civils qui devront connaître de l'indemnité due pour cette violation de la propriété.

C'est ainsi que l'a jugé l'ordonnance précitée
du 29 juin 1842 (Pruvost), dans laquelle nous
lisons: « Considérant que la rayère dont la suppression est demandée, a été établie sur le terrain
du sieur Pruvost, sans l'accomplissement des formalités prescrites par la loi ci-dessus visée du 7
juillet 1833; qu'à la vérité, il ne peut appartenir
aux tribunaux d'ordonner la suppression des travaux ordonnés par l'administration; que néanmoins, lorsque, comme dans l'espèce, lesdits travaux constituent de la part des concessionnaires
une atteinte à la propriété, les tribunaux sont seuls
compétents pour apprécier les dommages auxquels donneraient lieu des actes de cette nature.»

Et que l'on ne dise pas que c'est là une vaine
garantie, car si on n'était pas sûr de l'esprit de
justice, d'équité et de modération de nos tribunaux, ils pourraient ainsi, au moins indirectement par des allocations énormes, arrêter et pa-

ralyser les ordres donnés par l'administration ;
aussi, le conseil d'État qui, dans l'ordonnance
Pruvost, reconnaît si formellement la compétence
judiciaire, n'a pas toujours adopté le même principe.

Dans l'ordonnance Leballe contre Joly, du 14
octobre 1836, il est dit que non-seulement l'autorité judiciaire ne peut prescrire des règles contraires aux ordres de l'administration, mais encore
« qu'elle ne peut prononcer contre l'entrepreneur
aucune condamnation de dommages-intérêts; que
l'administration seule pouvait prononcer la révocation des mesures qu'elle avait prescrites et la
destruction des travaux opérés par ses ordres; que,
d'autre part, le conseil de préfecture était seul
compétent pour statuer sur le recours dirigé contre
le sieur Joly, comme entrepreneur de travaux
publics. »

Dans l'ordonnance Carol contre Coste, du 29
juin 1842, rapportée plus haut, la connaissance
des dommages a été renvoyée à l'autorité administrative, mais cette ordonnance pose en principe
« que l'autorité judiciaire est seule compétente
pour statuer sur la revendication des propriétés à
l'égard desquelles n'ont pas été remplies les formalités prescrites par les lois sur l'expropriation
pour cause d'utilité publique et *sur les dommages-*

*intérêts qui pourraient être réclamés pour cette
cause.* »

Concluons en faveur de ces principes que le
conseil d'État pose lui-même, et reconnaissons que
si l'autorité judiciaire est incompétente pour suspendre le cours ou ordonner la démolition de
travaux faits sur la propriété privée par ordre de
l'administration, sans cession ni expropriation
préalables, nos tribunaux civils du moins sont
compétents pour apprécier les dommages dus à
raison de cette atteinte à la propriété.

FIN.

# TABLE.

## Chez le même Libraire :

RECHERCHES SUR LE DROIT DE PROPRIÉTÉ CHEZ LES ROMAINS, sous la république et sous l'empire; par M. Ch. Giraud, inspecteur-général de l'Université de France, 2 vol. in-8°. . . . . . . . . 15 fr.
Le deuxième volume doit paraître incessamment.

ESSAI SUR L'HISTOIRE DU DROIT PRIVÉ DES ROMAINS; par M. Gué-rard, 1841, un beau vol. in-8°. . . . . . . . . . . . . . 7 fr. 50 c.

DESCRIPTION DE LA VILLE D'ARLES ANTIQUE ET MODERNE, de ses Champs-Élysées et de son Musée lapidaire, avec une introduction his-torique, par M. J.-J. Estrangin, avocat à Arles, membre correspondant de l'Institut archéologique de Rome, de la société royale des antiquai-res de France, de l'Académie des sciences, agriculture, arts et belles-lettres d'Aix, et de la société archéologique de Toulouse. Un très-beau volume in-16, de 500 pages, avec figures. . . . . . . . . . 5 fr.
sans figures. . . . . . . . . . . . . . . . . . . . 3 fr. 50 c.

INSTITUTES DE L'EMPEREUR JUSTINIEN traduites en français, avec le texte en regard, suivies d'un choix de textes juridiques relatifs à l'histoire externe du droit romain et du droit privé anté-Justinien; recueil publié par M. Blondeau, doyen et prof. à la Faculté de droit de Paris, et M. Bonjean, avocat aux Conseils du roi et à la Cour de cassation, 1839; 2 vol. in-8°. . . . . . . . . . . . . 12 fr.
Tous les documents contenus dans l'ECLOGA (actuellement *Juris ci-vilis Enchriridium*) se trouvent dans ces deux volumes; l'on y a joint, en outre, plusieurs fragments importants, dont nous ne citons que les principaux : Legis Papiræ Fragmentum, — Legis Galliæ Cisalpinæ Frag-mentum, — Edicti prætori sententiæ quæ supersunt, — Sexti Pomponii Fragmentum, — Fragmenta Vaticana, — Lex dei, seu Legum mosaica-rum et romanorum collatio, — Julii Pauli Fragmentum Boethianum.
Le premier des deux volumes de cet ouvrage comprend la TRADUCTION DES INSTITUTES de Justinien, il SE VEND SÉPARÉMENT. . . 5 f. 50 c.

MÉMOIRE SUR LES DIFFÉRENTS RAPPORTS SOUS LESQUELS L'AGER ÉTAIT CONSIDÉRÉ DANS LA LÉGISLATION ROMAINE; par M. Pardessus, membre de l'Institut, 1839, in-4°. . . . . . . . 4 fr.

ANALYSE RAISONNÉE DE LA LÉGISLATION SUR LES EAUX; par Du-breuil, avocat, ancien assesseur d'Aix et procureur du pays de Pro-vence. Nouvelle édition mise en rapport avec le dernier état de la législation et de la jurisprudence, augmentée d'un supplément, par MM. Tardif et Cohen, avocats en la Cour royale d'Aix, avec des notes de M. J.-J. Estrangin, avocat à Arles, et précédée d'une notice sur Dubreuil, par M. Ch. Giraud, membre de l'Institut, inspecteur-général de l'Université de France, chevalier de la Légion-d'Honneur; 2 beaux volumes in-8°. . . . . . . . . . . . . . . . . 15 fr.

THÉORIE DU CODE PÉNAL, par Chauveau Adolphe, professeur à la Fa-culté de Droit, avocat à la Cour royale de Toulouse, membre de la Légion-d'Honneur; et Faustin Hélie, chef du bureau des affaires cri-minelles au Ministère de la Justice, membre de la Légion-d'Honneur; deuxième édition, 6 beaux volumes in-8°. . . . . . . . . 50 fr.

ÉLÉMENTS DE DROIT PUBLIC ET ADMINISTRATIF, ou Exposition méthodique des principes du droit public positif avec l'indication des lois à l'appui; suivis d'un Appendice contenant le texte des prin-cipales Lois et Ordonnances de droit public, par E.-V. Foucart, profes-seur de Droit administratif, doyen de la Faculté de droit de Poitiers, troisième édition, revue et mise au courant de la législation nouvelle par l'auteur, 3 forts volumes in-8°. . . . . . . . . . . . 24 fr.

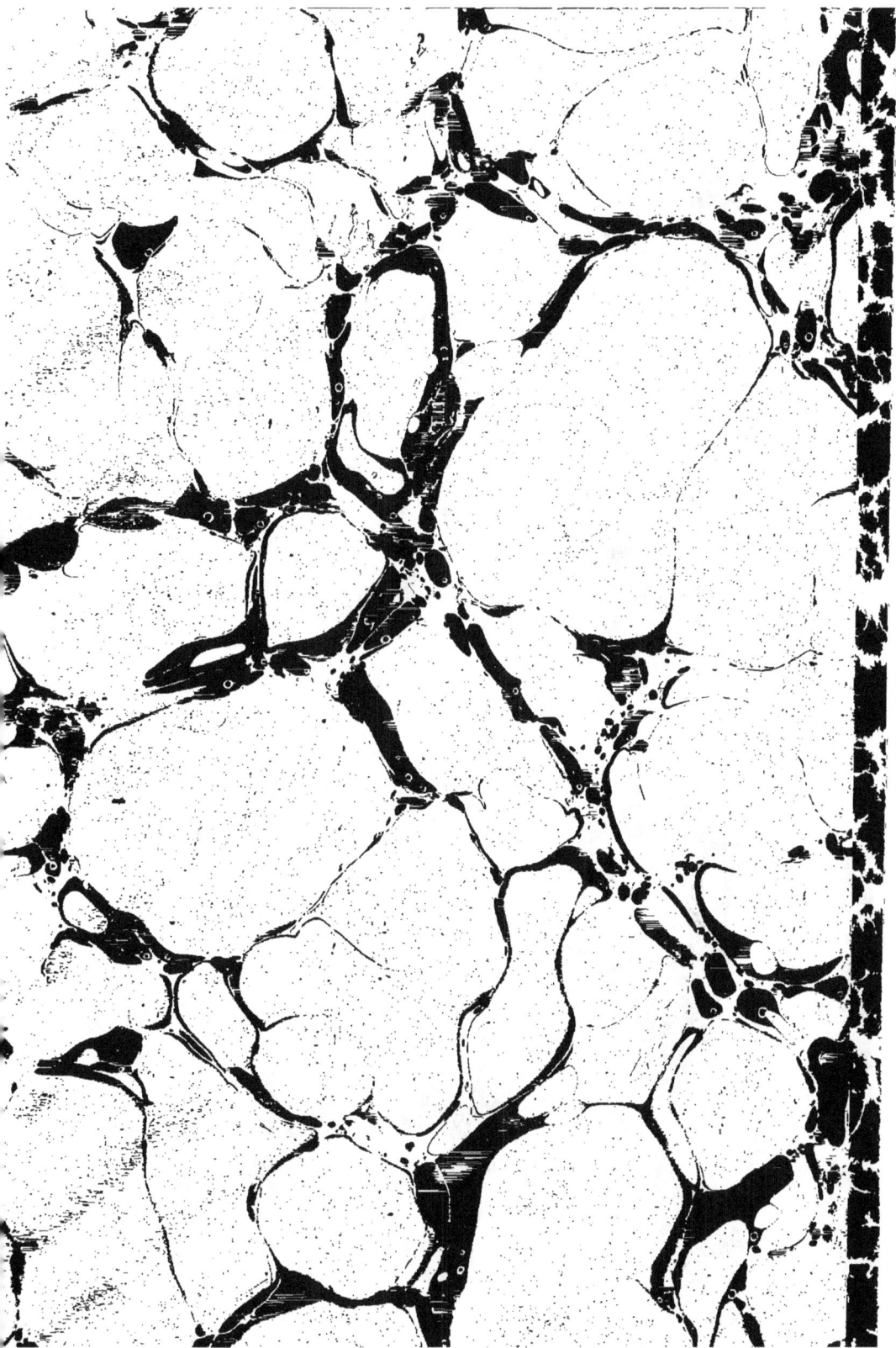

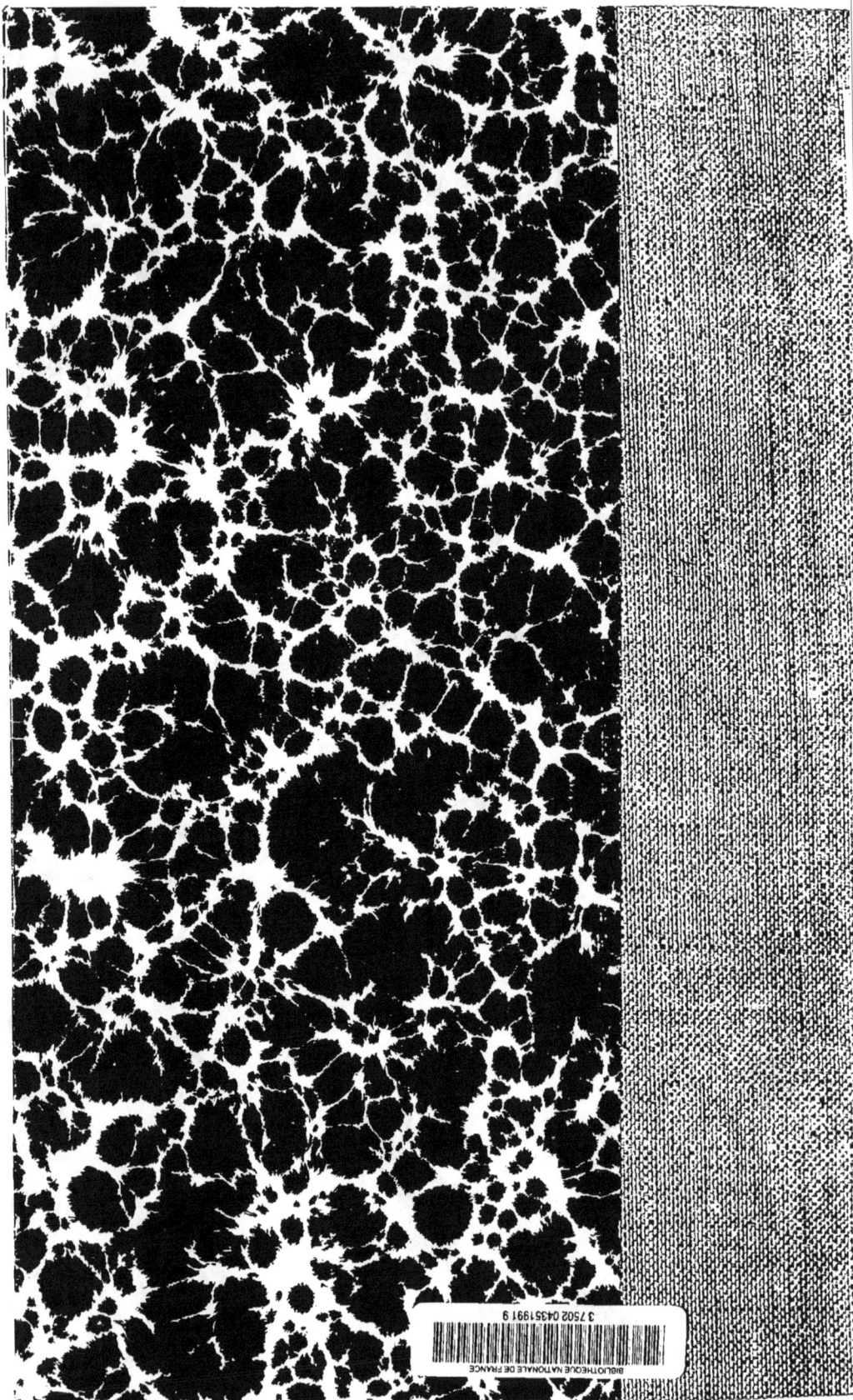